U0490214

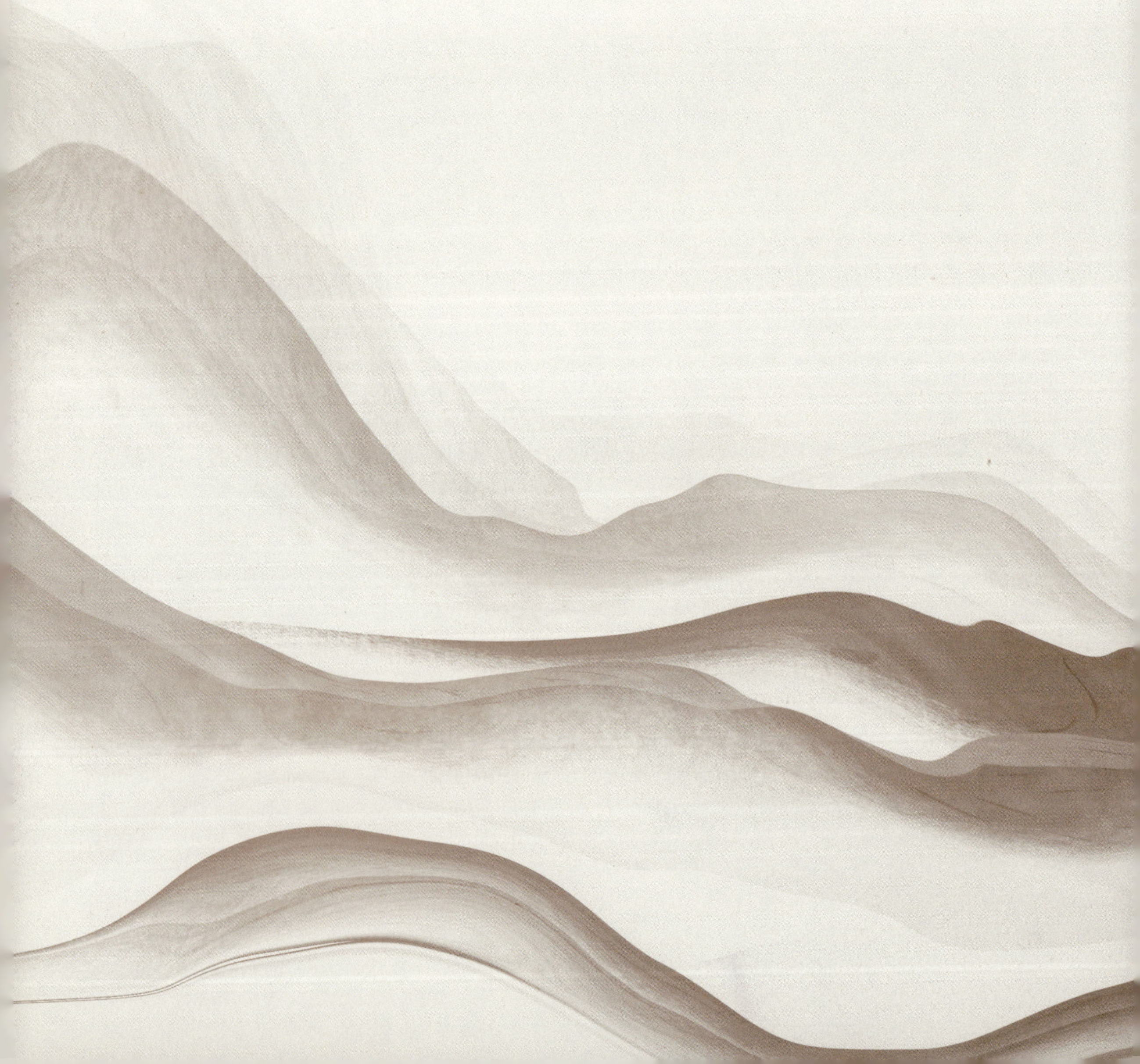

高等职业教育
新形态一体化教材

高职美育教程

主　编　周保平　沈洁霞
副主编　谭属春　王新华
　　　　焦胜军　焦爱萍

中国教育出版传媒集团
高等教育出版社·北京

内容简介

本教材是高等职业教育新形态一体化教材。本教材编写以2020年中共中央办公厅、国务院办公厅印发的《关于全面加强和改进新时代学校美育工作的意见》为指导思想，以树立学生正确的审美观为编写目标，突出思想性、民族性、创新性和实践性，有机整合相关学科关于心灵美、礼乐美、语言美、行为美、科学美、秩序美、健康美、勤劳美、艺术美"九美"内容，结构上以"美的导航—美的认知—美的历程—美的欣赏—美的视窗—美的体验"六个模块展开，内容上弘扬中华美育精神，充分体现职业特色，从"九美"的历史脉络、概念内涵、思想意识、具体分类、文化表达等多方面，试图体系化地解读、介绍、赏析美育，并在高职美育层面提出思考。

本教材既可供高等职业院校学生学习使用，亦可供社会人士参考使用。

编委会

顾 问
周 星　北京师范大学

编委会主任
周保平　黄河水利职业技术学院
沈洁霞　开封文化艺术职业学院

编委会副主任
谭属春　深圳职业技术大学
王新华　重庆水利电力职业技术学院
焦胜军　陕西铁路工程职业技术学院
焦爱萍　河南地矿职业学院

编委会委员（按姓氏笔画排列）
韦 弘　广西水利电力职业技术学院
王绍军　山东职业学院
许辉熙　四川建筑职业技术学院
陈传胜　江西应用技术职业学院
张永良　宝鸡职业技术学院
陈铭贵　广东环境保护工程职业学院
周宝全　河南艺术职业学院
赵文亮　昆明冶金高等专科学校
郭增长　河南测绘职业学院
楼 骏　浙江同济科技职业学院

序言

高职院校美育观念的实践化成果体现

美育即审美教育,"审美"的意义在于给予人的精神美化和情操人格完善化向上和向善的滋养;而"教育"则是对于人的精神素养和文化品性的知识赋能。由此,美育并非是一种简单的知识教育而是全身心的审美理想、审美精神和审美意味的熏陶和教化的结合。而审美又不仅仅是观念的认知,而是实践和思想交织而成的精神哺育。并且,美育的内容不只是艺术审美,还包括更为开阔的自然美、社会美和人格美等丰富的对象,因此,本教材倡导的"九美"就不只是包罗万象的审美而是由强化审美的丰富性和丰盛性构成。正因为如此,国家高度重视美育的价值实现,积极推动美育实施。近年来,党和国家对新时代高校美育改革发展提出明确要求,相继印发了《关于全面加强和改进学校美育工作的意见》(国办发〔2015〕71号)、《关于切实加强新时代高等学校美育工作的意见》(教体艺〔2019〕2号)等系列文件,使美育工作能够落到实处。

此外,美育不能简单局限于一个固化阶段,比如,美育不只是学校教育的一部分,而是全民终身的审美理想和审美精神的教化,使美成为人一生追寻的道德端正和情感丰裕的对象。同样道理,就学校教育中的审美教育而言,多种类型学校和多层次审美教育的共同精神和差异性教育也不可或缺。2020年10月,中共中央、国务院发布《关于全面加强和改进新时代学校美育工作的意见》(以下简称《意见》),其中明确提出推动全国高职院校美育工作的开展。《意见》提出:"树立学科融合理念。加强美育与德育、智育、体育、劳动教育相融合,充分挖掘和运用各学科蕴含的体现中华美育精神与民族审美特质的心灵美、礼乐美、语言美、行为美、科学美、秩序美、健康美、勤劳美、艺术美等丰富美育资源。"这为美育工作提出了新时代的定义和范畴。"职业教育将艺术课程与专业课程有机结合,强化实践,开设体现职业教育特点的拓展性艺术课程。"这就需要编写具有鲜明高职特色、符合高职院校美育工作目标,适应高职学生特点,满足高职学生成长需求的高质量高职院校美育系列教材。只有通过高职院校美育课程的改革,提升高职学生的审美和人文素养，才能培育出适应新时代的高素质技术技能人才。

因此，探寻高职院校审美教育的路径、方法和内容正是迫在眉睫的任务。高职学校不仅要面对实际需要的技能教学，使学生根据社会需要掌握知识技能和服务社会的本领，同样也需要具有高尚人格和核心价值观的确立，而审美教育不仅是书本文字知识，还是培育美善结合的人格精神的重要方法之一。所以本教材编写恰逢其时，教材特色在于落实新时代美育教育方针，落实立德树人根本任务，培养德智体美劳全面发展的社会主义建设者和接班人，遵循《意见》中加强美育与德育、智育、体育、劳动教育融合的导向，将《意见》中提出的"心灵美、礼乐美、语言美、行为美、科学美、秩序美、健康美、勤劳美、艺术美"作为全书的编写框架。与目前已出版的同类美育教材相比，突破了音乐、美术、美学的学科框架，扩充了美育的内涵。

本教材突出高职教育的类型特色，凸显实践性与体验性。考虑到高职院校的高素质技术技能人才培养目标，教材每章节内部设置"美的导航""美的认知""美的历程""美的欣赏""美的视窗"以及"美的体验"六个模块，分别对应主题引入、概念与特征、历史发展、典型人物或作品、话题探讨及延伸阅读、主题实践活动的学习环节，符合由浅入深的美育规律。

教材案例立足本土，充分挖掘中华美育精神的时代内涵，侧重职业或技能方面具有代表性的人物及事例。"九美"解读彰显中国人的美学智慧，为高职学生的未来发展培育正确的审美观。与此同时，力求增强美育中的实践性与体验性，在每章加入主题实践活动，学生可以通过真实情境中的调研、户外活动、手工制作等实操活动逐渐感受美、欣赏美、创造美。

从编写队伍上看，本书是一本纯粹的高职美育教材，汇集二十余所高职院校骨干教师的智力成果。教材由黄河水利职业技术学院周保平、开封文化艺术职业学院沈洁霞主编，由来自浙江经贸职业技术学院、广东环境保护工程职业学院、芜湖职业技术学院、宝鸡职业技术学院等二十余所高职院校的美育专业骨干教师联合编写。教材严格落实《职业院校教材管理办法》"凡编必审"原则，经过本科、高职的学者和专家多次审核。

总之，这是一本体现新时代美育教育方针，适合于高职院校使用的美育教材，衷心希望更多的高职学生可以通过这本教材的学习，提升对美的感悟力和鉴赏力，获得精神的充裕和境界的提升，促进个人的全面发展。

周星

2023年3月18日

前言

加强和改进新时代学校美育工作，不仅是全面推进素质教育，促进学生健康全面发展，落实立德树人根本任务，提高学校人才培养质量的迫切需要，也是增进人与自然的和谐，促进人与人之间的沟通与理解，促进人与社会的和谐，建设和谐社会的重要途径。党的十八大以来，党中央高度重视学校美育工作，习近平总书记多次强调德智体美劳"五育并举"，并就加强学校美育工作发表了一系列的重要讲话和指示。为此，2020年10月中共中央办公厅、国务院办公厅印发《关于全面加强和改进新时代学校美育工作的意见》（以下简称《意见》）明确指出："美是纯洁道德、丰富精神的重要源泉。美育是审美教育、情操教育、心灵教育，也是丰富想象力和培养创新意识的教育，能提升审美素养、陶冶情操、温润心灵、激发创新创造活力。"

课堂教学是学校美育的主渠道，教材是实施课堂教学计划的主要载体。为了在全国高职院校更好地贯彻落实习近平总书记重要讲话、指示和《意见》精神，在文化素质教学指导委员会指导和倡议下，黄河水利职业技术学院、开封文化艺术职业学院与高等教育出版社一起，联合一批对高职美育高度重视的高职院校，组织出版"1+N"高职院校美育系列教材，目标就是要编出一套适合高职院校学生发展需要和兴趣特点的高职美育教材。这里的"1"是指《高职美育教程》，旨在"充分挖掘和运用各学科蕴含的，体现中华美育精神与民族审美特质的心灵美、礼乐美、语言美、行为美、科学美、秩序美、健康美、勤劳美、艺术美等丰富的美育资源"对学生进行以中华传统美育精神教育为核心的美育通识教育，也可作为各高职院校学生必修的一门美育通识课程的教材。"N"是指若干本艺术鉴赏类教材，由各高职院校根据学校自身特色进行选用。"1"和"N"相互配合，组成一个开放式的高职院校美育教材体系，既突出传承和弘扬中华传统美育精神，又注意发挥艺术教育作为美育的主渠道作用，还充分考虑各高职院校的具体实际和学生的兴趣爱好，给各高职院校和学生更多的自主选择权。

为了使这套美育教材能够达到落实党的二十大精神、紧扣《意见》精神、突出高职特色、引导学生学习、激发学习兴趣、提升审美素养、陶冶美好情操、塑造健全人格的目标，各编写组在坚持科学性、思想性和可读性的前提下，特别突出如下特点：

1 坚持正确育人导向，树立学生正确的美育观

编委会多次召开编写工作会议，认真学习习近平总书记就学校美育工作发表的一系列讲话、指示，深刻领会和吃透讲话、指示和《意见》精神，并将其贯穿于高职美育系列教材编写的全过程。一是坚持以马克思主义中国化的最新理论成果——习近平新时代中国特色社会主义思想为指导，坚决贯彻"五育并举"的教育方针，严格落实"坚持正确方向""坚持面向全体""坚持改革创新"三大原则，力求做到思想性和科学性相统一。二是坚持正确育人导向，《意见》明确指出："编写教材要坚持马克思主义指导地位，扎根中国、融通中外，体现国家和民族基本价值观，格调高雅，凸显中华美育精神，充分体现思想性、民族性、创新性、实践性。"在本系列教材编写过程中，我们严格落实这一要求，在教材内容选择上，坚持多用体现国家和民族基本价值观，格调高雅，凸显中华美育精神的素材和案例，坚持思想性、民族性、创新性、实践性统一的原则。在教材案例选择上，我们坚持用正面的能体现美育精神的案例，以发挥案例的育人作用。三是注重挖掘中华传统美育资源，把传承和弘扬中华传统美育精神作为教材编写的主线和核心。四是正确处理美育与艺术教育的关系，既突出以艺术课程为主体的教材编写思路，又注意突出高职专业特色，从自然美、社会美、生活美、科技美等多角度挖掘美育资源，并将其融入这套高职美育教材编写中。

2 注重系统设计，构建完整美育体系

美育资源的丰富性，决定美育不是一门课程就能解决问题的，需要构建一个完整的美育体系，这其中既包括美育课程体系，也包括美育实践活动体系，还需要把美育有机地融入德智体劳其他"四育"中。就美育课程和教材来说，目前已经出版的高职美育教材，要么还是以学科知识为基础构建，要么是非常零散的艺术鉴赏类教材，要么试图把美育的所有内容都囊括到一门课程或一本教材中，还没有形成一个完整的适应高职美育需要的课程体系和教材体系。这套"1+N"高职美育系列教材试图从这方面进行探索和尝试，其中"1"是综合性的美育通识必修课程配套教材，"N"是开放式的美育选修课程配套教材，学校根据本校实际情况、专业设置和学生兴趣特点选开和学生选修，此次拟出版通识教材，将来根据需要还可以进一步建设和开发艺术鉴赏类教材。这二者就构成一个完整的高职美育教材体系，将来配合高职美育课程标准和美育融媒体资源库的开发与建设，逐步丰富高职美育课程教材体系。

3 坚持学生立场，满足学生成长需要

学生是高职教育美育的主体，我们的美育课程建设和美育教材编写是否成功，学生喜不喜欢是重要的试金石。所以，我们坚持站在学生的立场来编写我们高职的美育教材。怎么做到站在学生立场？我们主要把握如下四点：一是有利于学生成长成才和身心健康。我们特别注意贴近学生需求，根据高职学生培养目标和成长需求来设计教材内容和编写体例，力求既使学生感兴趣，也使学生获得教益，有利于学生健康成长。二是坚持用学生熟悉的生活场景和生活素材，提高教材的亲和力和可信度。美在生活，美在我们每个人身边。我们特别注意使用高职学生熟悉的生活场景中，所经常能看到的美的案例和素材，用高职学生熟悉的艺术作品，帮助学生提高对美的感受力和鉴赏力。三是充分考虑高职学生的接受能力，难度和深度上充分考虑高职学生的阅读水平和接受能力。既然本系列教材是针对非艺术专业的美育通识教材，我们就尽量用高职学生能够理解的非艺术类专业语言来揭示和讲清楚专业最基本的思想和最核心的精髓。四是遵循审美认识规律，由浅入深，引导学生感受美、欣赏美、创造美，逐步提高学生的审美能力和审美素养。

4 强化实践体验，突出高职教育类型特色

作为高职院校美育系列教材，能否体现高职教育类型特色是保证教材质量的关键。为此，我们在教材体系设计上，突出高职专业特色。根据高职院校人才培养目标要求，除了我们的"1"的内容注意与专业课程有机融合，"N"的设计中，还特别组织编写"科技之美""建筑之美""设计之美""生态之美""非遗文化之美""茶艺之美""园林之美"等与高职专业有关的鉴赏类美育教材，以培养学生对科技美、设计美、建筑美、环境美、园林美、非物质文化遗产美、茶艺美等专业美的审美能力。在编写思路上，注意从多视角来构建教材编写的思路和编写大纲，比如"设计之美"注意从生活的视角，"音乐之美"从提高学生对音乐美的鉴赏能力的视角，"科技之美"从展现科技魅力和影响的视角等来构建教材的编写思路，而没有过多地考虑学科体系是否完善。在教材编写方法上突出实践性。《意见》明确指出："职业教育强化艺术实践，培养具有审美修养的高素质技术技能人才，引导学生完善人格修养，增强文化创新意识。"因此，整套教材都注意坚持理论与实践相结合的编写原则，

强化美育教材编写的体验性与实践性特色，力求既讲清楚美育的基本概念和审美的基本理论，又安排足够的审美体验和美育实践环节。

5 创新编写体例，增强教材的吸引力

现代社会已经进入互联网、多媒体和读图时代，信息传播的途径和手段日益多样化，传播速度也不断加快，传统的编写体例、呆板的纯文字教材已经很难适应当代大学生的需要，教材的形态、体例、写法都必须与时俱进，适应时代发展趋势。为此，在编写体例上，我们打破传统章节式、学科型教材的编写体例，采用生动活泼的模块式编写体例；在教材形态上，全面贯彻新形态教材的编写理念，通过美的视频、图片、音频等素材，运用二维码链接的形式，增强教材的形象性、吸引力和感染力；在表达方式上，我们摒弃了那种高高在上的说教式表达方式或晦涩的论文式表达方式，采用跟学生平等讨论的方式，坚持摆事实、讲道理，用事实说话，提高教材的亲和力；在文字表述上，尽量少用专业术语，多用公众语言和当代青年学生喜爱的表达方式，力求做到深入浅出，简洁明了，适应当代高职学生的阅读特点。

本教材由周保平、沈洁霞担任主编，谭属春、王新华、焦胜军、焦爱萍担任副主编。具体编写分工如下：专题一由浙江经贸职业技术学院朱颖、郑祖威、陆舒敏编写；专题二由黄河水利职业技术学院焦红强、高维峰、乔新杰、武香利、陈洁、王启、汤迎迎、彭新立编写；专题三由山西国际商务职业学院刘剑、重庆工程职业技术学院刘洪梅、宝鸡职业技术学院田婧编写；专题四由内蒙古化工职业学院马洪玲、吉林铁道职业技术学院穆永岩、黄河水利职业技术学院陶茵虹、宝鸡职业技术学院张国良编写；专题五由山东职业学院毕建波、聊城职业技术学院王书芬、渭南职业技术学院张敏编写；专题六由广东环境保护工程职业学院范薇、陈佳薇编写；专题七由芜湖职业技术学院申睿、长春职业技术学院杜巍、曲雪苓、董晓平编写；专题八由宝鸡职业技术学院徐小峰、吴雅彬、李栋编写；专题九由黄河水利职业技术学院华雷、赵俊亚编写；专题十由开封文化艺术职业学院褚自刚、云南工商学院欧阳园香、宝鸡职业技术学院郝秀丽、广东农工商职业技术学院杨真编写。

我们深知，教材改革作为当前职业教育"三教"改革的重要内容，可以说还刚刚起步，还有很多问题需要我们在实践中不断探索和完善，任重而道远。这套高职美育系列教材的编写出版，只是我们在高职教材改革方面的一次初步尝试，问题和不足之处在所难免，欢迎广大读者和职教界同仁批评指正，大家一起共同努力，推动高职教育教材改革不断深化。

本书编写组

2023年6月

美

目录

001 专题一
高职美育的意义与特点

027 专题二
心灵美

045 专题三
礼乐美

061 专题四
语言美

079 专题五
行为美

095 专题六
科技美

119 专题七
秩序美

137 专题八
健康美

157 专题九
勤劳美

177 专题十
艺术美

目录

专题一
高职美育的意义与特点

- 002　美的导航
- 003　美的认知
- 003　一、美、美学与美育
- 006　二、美育的内涵和特点
- 009　三、美的表现与审美
- 019　美的历程
- 019　一、中国美育思想的产生与发展
- 021　二、西方美育思想的产生与发展
- 022　美的欣赏
- 025　美的视窗
- 026　美的体验

专题二
心灵美

- 028　美的导航
- 029　美的认知
- 029　一、心灵美的内涵
- 030　二、心灵美的特征
- 033　美的历程
- 033　一、"心灵美"的思想溯源
- 035　二、近代社会下心灵美的发展与演变
- 036　三、现代社会的心灵美内涵与意蕴发展
- 037　四、社会主义核心价值观视域下的心灵之美
- 039　美的欣赏
- 042　美的视窗
- 043　美的体验

专题三
礼乐美

- 046　美的导航
- 047　美的认知
- 047　一、礼乐美的内涵特征与审美功能
- 049　二、礼乐美的基本价值与民族精神
- 051　美的历程
- 051　一、礼乐美的产生与演变
- 052　二、礼乐美的当代意义与文化空间
- 054　美的欣赏
- 058　美的视窗
- 058　美的体验

专题四
语言美

- 062　美的导航
- 063　美的认知
- 063　一、语言美的内涵与特征
- 064　二、语言美的表现
- 068　美的历程
- 068　一、语言的起源与发展
- 068　二、中国书法艺术的起源与发展
- 072　三、中国文学艺术的发展与演进
- 075　美的欣赏
- 077　美的视窗
- 078　美的体验

专题五
行为美

- 080　美的导航
- 081　美的认知
- 081　一、行为美的内涵与特征
- 081　二、行为美的表现
- 086　美的历程
- 086　一、行为美的产生与发展
- 088　二、当代行为美内涵的变迁
- 089　美的欣赏
- 092　美的视窗
- 093　美的体验

专题六
科技美

- 096 美的导航
- 097 美的认知
- 097 一、科技美的内涵
- 099 二、科技美的表现
- 103 美的历程
- 103 一、中国古代科技
- 107 二、科技革命历程
- 108 三、科技改变世界
- 109 四、科技开创未来
- 110 美的欣赏
- 116 美的视窗
- 117 美的体验

专题七
秩序美

- 120 美的导航
- 121 美的认知
- 121 一、秩序美的内涵
- 121 二、秩序美的属性
- 122 三、秩序美的原则
- 125 美的历程
- 125 一、远古时代的秩序美
- 126 二、古代社会对秩序美的发展
- 131 三、现代社会对秩序美的拓展
- 133 美的欣赏
- 136 美的视窗
- 136 美的体验

专题八
健康美

- 138 美的导航
- 139 美的认知
- 139 一、健康美的内涵与特征
- 141 二、健康美的意义和影响因素
- 143 美的历程
- 143 一、中国古代的健康美
- 148 二、中国近现代的健康美
- 149 三、西方美术作品中的健康美
- 151 美的欣赏
- 154 美的视窗
- 154 美的体验

专题九
勤劳美

- 158 美的导航
- 159 美的认知
- 159 一、勤劳美的内涵与特征
- 160 二、勤劳美的表现
- 163 美的历程
- 163 一、古代社会中的勤劳美
- 167 二、现代社会中的勤劳美
- 171 美的欣赏
- 173 美的视窗
- 174 美的体验

专题十
艺术美

- 178 美的导航
- 179 美的认知
- 179 一、艺术美的内涵与特征
- 185 二、艺术美的表现形态
- 187 美的历程
- 187 一、神奇的诞生
- 188 二、雄浑的展开
- 190 三、轻灵的飞跃
- 191 四、优雅的回归
- 192 五、华丽的绽放
- 193 美的欣赏
- 199 美的视窗
- 200 美的体验

- 203 **参考文献**

专题一 高职美育的意义与特点

美的导航

美，是人类永恒的主题，追求美是人的天性。人们在社会中从事各种活动的根本动力源于满足其自身的需要，而满足审美需要就成为他们追求美、欣赏美、创造美的内驱力，同时也推动了社会的进步和发展。然而，审美能力的形成不是一蹴而就的。车尔尼雪夫斯基认为："与其说美是稀少的，毋宁说大多数人缺少美感的鉴别力。"因此，我们需要通过审美教育来陶冶活泼、敏锐之性情，养成高尚纯洁之人格，体验审美活动所带来的精神享受。

王献之书法
《洛神赋十三行》中的"美兮"

美的认知

一、美、美学与美育

（一）美的概念

在所有文字中，"美"无疑是最具吸引力的一个字，"美"在汉字中属于会意字，关于它的意义有两种说法：一是"羊人为美"，美最初象征着头戴羊形装饰的"大人"，即美同巫术图腾有直接关系；二是汉代《说文解字》中提到的"羊大为美"，意为羊只有更加肥美才能满足人们的需求，美同味觉的快感相连。虽然这些活动都与功利性有关，但却使人们意识到了审美活动、审美价值判断同社会生活的联系，也为后世"美"的范畴奠定了字源学的基础。

甲骨文的"美"字

美并不是固定的、形而上的，而是具体的、形象的。在美的现象中，包含着各种性质极不相同的事物。从宏观世界到微观世界，如自然界的日月星辰，社会生活中的精神和物质产品，都可以作为审美对象。这些性质不同的事物，其关于美的内涵和价值意义也不一样。"爱美之心，人皆有之"，人人都向往美好。那么美到底是什么？我们该如何去判定美？

1. 美是人类对世界的感性认识

历史上，关于美的认识有三种看法：以狄德罗和车尔尼雪夫斯基为代表，认为和谐、比例、对称、多样统一等是美的形式法则，美不以人的意志为转移；以休谟、康德、柯罗齐为代表，认为美是人的意识、情感活动的产物或外射表现，只存在于观赏者的心里。以朱光潜为代表的现代美学家，认为美是主客观的统一，美依赖于事物而存在，也与人们的审美意识息息相关。正如没有曹雪芹的《红楼梦》，我们则无法领略到中国古典小说巅峰之作的文字之美、诗词之美、景致之美与人物之美。唐代思想家柳宗元提出："夫美不自美，因人而彰。"中国唐代，丰腴和富态是女子美的标准，部分处于原始发展阶段的民族，有以长颈为美、厚唇为美或脸部纹绣刺青为美，这说明审美意识也因时空的不同而变化。

绢本设色画《簪花仕女图》(周昉，唐)

2. 美是人类本质力量的感性表达

恩格斯曾说："没有一只猿手曾经制造过一把哪怕是最粗笨的石刀。"能够制造工具是人类特有的能力，也是人本质力量的一种体现。在劳动实践中，人们总能有意识地、能动地、创造性地不断超越自己，获得感官的快乐和自我的实现。花的缤纷绚烂、鸟的千啼百啭、山的高大陡峭、海的波澜壮阔等，这些感受蕴含了人们的生活状态、信仰与观念以及人们所珍视的高尚品质，令人动情且富有感染力。因而，美是人的本质力量的感性表达，美的本质与人的本质是一致的。

3. 美是人类本质力量对象化的产物

人的社会实践是一种"求真""向善"的自由自觉活动，人们在活动中所表现的智慧、才能无法在自己身上直接体现出来，这就需要把自己的本质力量对象化。如：孔子的"岁寒，然后知松柏之后凋也"、陈毅的"要知松高洁，待到雪化时"，都是将自然之美视为人类坚强品质的象征。在人与自然的关系中，"人化"的自然实际上是人对自己的丈量。

（二）美学与美育

1. 美育与美学的关系

美学，是一门社会科学与自然科学相互渗透而成的科学，是美的哲学，主要研究美的本质问题、美的根源和特征、美的内容和形式、美与真和善的关系、美

的领域和形态等,是人类关于美的本质、定义、感觉、形态及审美等问题的认识、判断、应用的过程。关于美育与美学的关系,蔡元培先生曾明确指出:"美育者,应用美学之理论于教育,以陶养感情为目的者也。"陈望道先生也曾断言:"谈美育必先知美学。"因为只有站在美学的维度上,作为美学与教育学、心理学、伦理学、脑科学等的交叉学科的美育,才能获得学科的独立性和规定性。换言之,美育的理论建构与实践发展都必须植根于深厚的美学基础,以美学为理论支撑,才能针对现实生活中人的审美观念的演变发挥自身的引导作用,从而提升人生境界。

2. 美育与艺术教育的关系

美育与艺术教育在内容上有重合,但是两者又存在明显的区别。艺术教育是美育的重要载体,是提高美育质量和水平的重要依托。艺术课程是美育的主要课程,是美育的主渠道。但是,美育不等于艺术教育,美育的内涵比艺术教育要宽广得多,美育除了进行艺术教育外,还包括自然美育、生活美育、社会美育等等,尤其是各学科中蕴含的体现中华美育精神与民族审美特质的心灵美、礼乐美、语言美、行为美、科学美、秩序美、健康美、勤劳美、艺术美等丰富的美育资源,更是美育的重要载体。

3. 美育与德智体劳四育的关系

德智体美劳"五育"并举能够促进人的全面发展,同时也强调各育独特的育

美育与其他"四育"的关系图

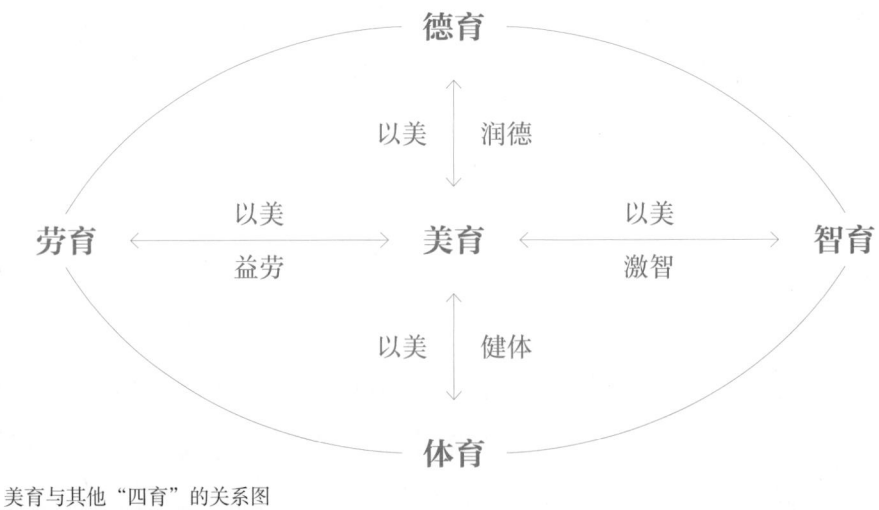

人任务与育人价值——德育教人向善、智育教人求真、体育教人强体、美育教人臻美、劳育教人增技——使教育活动兼具全面性和针对性。美育是培养全面发展的人才的一个不可缺少的环节，既有着自身的独立性，也和其他"四育"有着深刻的关联。

二、美育的内涵和特点

（一）美育的内涵

美育可称为审美教育或美感教育，是在美学基础理论的指导下，进行的具体而生动的审美实践活动。它以生动、直观的形象为手段，以动之以情、理在情中为特征，通过寓教于乐、潜移默化的形式，培养和提高人发现美、感受美、欣赏美和创造美的能力，陶冶情操，促进感性发展，完善人格塑造，激发创造活力，最终实现人性的完满，即人的全面发展。

对美育的理解，一般有狭义和广义两种。狭义的美育即"艺术教育"。在中国古代，美育以诗教和乐教的方法实施，即通过审美活动实践，提高人的审美素养。艺术教育虽然是美育的重要途径与载体，但并不是美育的全部内容。广义的美育不仅包括艺术美育，也包括自然美育与社会美育等，它以审美教育、人格教育、情感教育和艺术教育的方式将美付诸人的心灵塑造与精神升华，育化人的整体素质，实现审美人生。朱光潜先生曾于《谈美》中说："艺术是情趣的活动，艺术的生活也就是情趣丰富的生活……情趣越丰富，生活越美满，所谓人生的艺术化就是人生的情趣化。"因此，美育是一种更高层次上的人文素养教育，是"人生艺术化"的教育，是促进人的全面发展的教育。

（二）美育的特点

1. 审美性

审美活动是美育的基础和必要途径。美育区别于其他教育形式的一个重要特点，就是受教育者必须参与并投入到审美活动中，才能达到美育的效果。可以说，离开了审美活动，美育就成了无源之水、无本之木。比如书法欣赏，如果教师仅仅在课堂上讲授书法的理论知识，而不引导学生在具体的书法作品中去体验、发现、领悟中国传统书法艺术的美，是无法达到书法艺术欣赏的教学效果的。同时，提高学生的审美素养也是美育的主要目的，美育，引导学生养成善于发现美的习惯，激起审美热情，形成美的意象，使对美的追求成为自身的内在动力。

2. 全面性

美育的全面性主要表现在：一是教育效果的全面性。美育不仅能提升学生审美素养，提高学生认识美、鉴赏美、创造美的能力，而且也是促进学生身心健康，培养学生健康人格的重要手段。对此，《意见》明确指出："美是纯洁道德、丰富精神的重要源泉。美育是审美教育、情操教育、心灵教育，也是丰富想象力和培养创新意识的教育，能提升审美素养、陶冶情操、温润心灵、激发创新创造活力。"二是教育过程的整体性。要贯彻德智体美劳"五育并举"的教育方针，不能将美育与"德智体劳"四育割裂开来，而要将其作为一个整体，在美育中发现其他"四育"、渗透"四育"、落实"四育"；在其他"四育"中认识美育、把握美育、融入美育，实现美育立德树人的目标，一方面充分发挥美育的育人、化人、培元作用，促进学生全面发展；另一方面又注意把美育有机地融入德育、智育、体育、劳育中，提高美育的实效性。

3. 形象性

美育是感性的、形象的教育。不论是自然美、社会美还是艺术美，都有感性的具体形态，都要通过一定的形、色、声等外在形式表现出来。离开特定的表现形式，美就无所依傍。例如，自然之美要通过具体的日月星辰、风花雪月等来呈现；社会之美要依存于社会，并随着人类社会的发展而发展。

4. 情感性

美育的情感性是指美育不是以理服人而是以情感人，真正的美育必然是建立在一定的情感共鸣基础上的。孔子曾说："知之者不如好之者，好之者不如乐之者。"美感的实现依靠的就是把认识和道德等理性因素融入审美情感之中，这种情感的积累可以内化为审美观念，最终影响到人们的人文素养、道德人格和人生境界。

5. 实践性

美育的实践性是指美育必须贯彻理论与实践相结合的原则，不仅要重视美学理论和有关知识的学习，更要重视学生审美的实践体验和艺术实践。尤其是职业院校美育更要突出其实践性特点，除了在课堂教学中安排足够的审美体验和美育实践环节外，还要在校园大力开展艺术展演和艺术实践活动，营造浓郁的美育氛围。

（三）高职美育的功能

1. 平衡身心发展，培养健全人格

要培养德、智、体、美、劳全面发展的人，必须致力于各种教育的平衡和谐发展，美育是其中必不可少的内容。以就业为导向而培养的高素质技术技能人才首先应该是人格健全的"人"。美育最根本的任务是塑造一个具有完整人格的人，人格的完整是以各种能力的相互协调为前提的，美育可以使人达到协调平衡的状态，为各种能力的发展提供良好的基础。由此可见，高职美育在协调高职学生身心的发展、培养完善人格上起着不可替代的作用。

2. 激发自身潜能，增强专业能力

从认知生理学（脑科学）方面来看，美育具有开发右脑功能、调节大脑边缘系统、调节大脑内啡肽的作用。研究表明，艺术能力以及情绪反应都对右脑的开发有积极作用。通过美育来开发右脑，是人类提升自身素质、挖掘自身潜能极其重要的途径。美育对于高职学生的创造性思维能力开发同样有着不可忽视的作用。

3. 丰富情感体验，提升幸福感受

审美体验是指充分调动审美主体的情感、想象、联想等心理因素，对特定的审美对象进行审视、体味、理解与领悟的实践活动，是审美主体在感受审美对象的过程中所达到的精神超越和生命感悟，是一种极为强烈的人格、心灵的高峰体验。作家周国平在《灵魂只能独行》中写道："审美的人生态度，是和功利的人生态度相对立的，功利注重对物质的占有和官能享乐，审美注重对生命的体验和灵魂的愉悦。"审美能力的提高有利于提升审美体验，感受幸福人生。

三、美的表现与审美

（一）美的表现形式

美的世界姹紫嫣红，景象万千。根据美学原理，美的存在领域可分为现实美和艺术美，现实美又可分为自然美、社会美与科学美。而从美的表现形态来看，则可分为优美、崇高、悲剧、喜剧等类别。

1. 优美

优美，是人们通常所说的狭义的美，又称为秀美、纤丽美、典雅美。优美是一种静态的美，即在形式上显得和谐、精致、完满。在中国古代，优美等同于"阴柔"之美，是蕴藉含蓄的作品所呈现出来的"婉约"之美。《礼记》里说："温柔敦厚，《诗》教也"，富有深远意境的淡雅飘逸与空灵之感，也是中国古代最主要的审美价值取向。

绢本设色画《千里江山图》（局部）（王希孟，北宋）

油画《日出·印象》（莫奈，1872）

自然界中的优美表现为，自然景物以光、色、形、音等合乎规律的形式组合，呈现出的明暗、浓淡、大小、高低、刚柔在矛盾中实现平衡统一，以天然的完美和谐作用于我们的感官，使我们获得安静恬美的心理感受。

社会中的优美表现为，作为社会性的人，其个体合乎礼仪、道德规范的言行举止以及其所反映的思想观念，以及整个社会稳定、平和的局面。

艺术中的优美表现为，艺术作品中所反映的自然景物、社会人生或营造的氛围以其合规律性、合目的性使我们感受到艺术作品的和谐与统一。

2. 崇高

在美学形态中，崇高是指物质形式与精神品质二者兼有的伟大出众的现象，它比一般的壮美更高级，是一种庄严、雄伟的美，具有巨大的力量和慑人的气势。崇高既表现在社会生活中，也反映在自然界。中国古代没有严格意义上的崇高这一概念，但有"大""雄浑""阳刚之美"等类似于崇高这一概念的表述。在中国古典文化中，庄子瑰丽诡谲的文章、颜真卿沉稳雄浑的书法、辛弃疾雄壮豪放的词作，等等，都有崇高的美学特质。

自然界中的崇高表现为在空间上占有巨大辽阔的广度，并饱含着强健的力量和气势。如辽阔的沙漠、连绵的群山、无尽的江河、高耸入云的峻峰等，力学上的崇高感，给人以无法抵御的心灵震撼。

社会生活中的崇高表现为在社会实践过程中，人们在进步与落后、正义与邪恶的激烈复杂、艰难曲折的斗争中，显现出的强大力量、伟大精神和高尚品格。

艺术中的崇高表现为艺术家对现实的能动反映。巨型高大的建筑与绘画，浪漫辉煌的音乐与舞蹈，慷慨激昂的文学作品等。如中国书法艺术常以一种打破平衡、违反常规、瘦硬粗豪、棱角分明的表现形态来体现出崇高的审美价值。有时，艺术中的崇高也呈现出形式上的不光滑、不规则、不和谐，进而体现出艺术家的无限追求和超越精神。

3. 喜剧

喜剧（或滑稽），是艺术美的一种主要样式。作为艺术样式的喜剧有广义与狭义之分。狭义的喜剧仅指戏剧中的喜剧，广义的喜剧还包括电影、喜剧性小说、散文、讽刺诗、笑话、幽默、机智故事以及相声、漫画等文艺品种。喜剧一般以夸张的手法、巧妙的结构、诙谐的台词及对喜剧性格的刻画，从而引起人们对丑的、滑稽的表现，予以嘲笑，对正常的人生和美好的理想予以肯定。如：卓

雕塑《人民英雄纪念碑》(刘开渠等,1949—1958)

油画《攻占总统府》(陈逸飞,魏景山,1977)

别林的默片，他用滑稽的表演，独创的头戴破礼帽、脚蹬大皮鞋、手拿细手杖、迈着企鹅步的流浪汉夏尔洛形象，给一代又一代的观众带来了无穷无尽的欢乐。同时，在欢笑背后还隐藏着人生的孤独与凄凉，以及对非人道的资本主义社会的控诉与反抗，对底层"小人物"的真、善、美的歌颂，对人性弱点的针砭，以警示人生的误区。

卓别林主演《摩登时代》剧照

4. 悲剧

悲剧是与喜剧相对的复杂表现形式，是艺术美的一种主要样式。从本质上看，悲剧是一种崇高而又深刻的美，一种虽然令人悲痛，但又能使人化悲痛为力量的审美形式。它通常表现为正义的毁灭，英雄的牺牲，严重的灾难、困苦等。如中国悲剧的代表作之一《红楼梦》，书中人物所遭遇的爱情悲剧和家族悲剧，使人们认识到命运的无情和社会的本质，看清封建教条对爱情的摧残和凡事"月满则亏"的规律，从而产生追求自由、冲破束缚的渴望，以及教化社会、警醒世人的现实作用。奥地利作家卡夫卡的《变形记》则是通过人变成甲虫的故事揭示了强烈的悲剧意识，体现了作者对西方现代社会的无奈与失望。因而，悲剧中的悲也有惊讶、震撼、壮烈和升华。我们在欣赏悲的同时，也体验着崇高壮美的境界。

电视剧《红楼梦》剧照

青铜器《铜奔马》（东汉）　　　　　青铜器《长信宫灯》（西汉）

（二）审美心理过程

审美过程是一种比较复杂的心理活动过程，主要包括感知、想象、理解和情感等基本要素。

1. 审美中的感知

感知是感觉和知觉的总称，是审美的门户和先导。美的事物都是具体的、形象的，人只有通过感觉才能把握它的色彩、形状和声音等。如我们欣赏自然美时就要用眼睛看壮丽的山河，用耳朵听悦耳的鸟鸣，用鼻子闻扑鼻的花香，用舌头尝味美的果实，用身体触摸柔软的草地。

感知可以分为感觉和知觉，审美感觉只是对外界事物的个别属性的反应，没有高下之分，是纯生理性感觉和历史理性积淀的内容的统一。如中国京剧中的脸谱，黑脸是忠臣，白脸是奸臣，红脸是忠义，蓝脸是刚直，黄脸是帝王等，一目了然。再比如，中国人看到明黄色会感觉到一种尊贵典雅的美感，是因为历史文化的缘故。知觉，是对美的事物的各种属性、各个部分及其相互关系综合的、整体的反映。如欣赏东汉的青铜雕塑《铜奔马》，可以感受到奔马矫健的形体、青褐的色调、凝重的质地、冰冷的质感、腾飞的动感，在多个器官感觉的综合活动中，我们体会到了一个完整的印象。在对西汉青铜器长信宫灯的欣赏中，从其精美绝伦的制作工艺和巧妙独特的艺术构思中，我们可以感受到国宝带给我们穿越千年的温暖。个体感觉到的事物越丰富，知觉就越完整，对事物的审美体验就越整体。

2. 审美中的想象

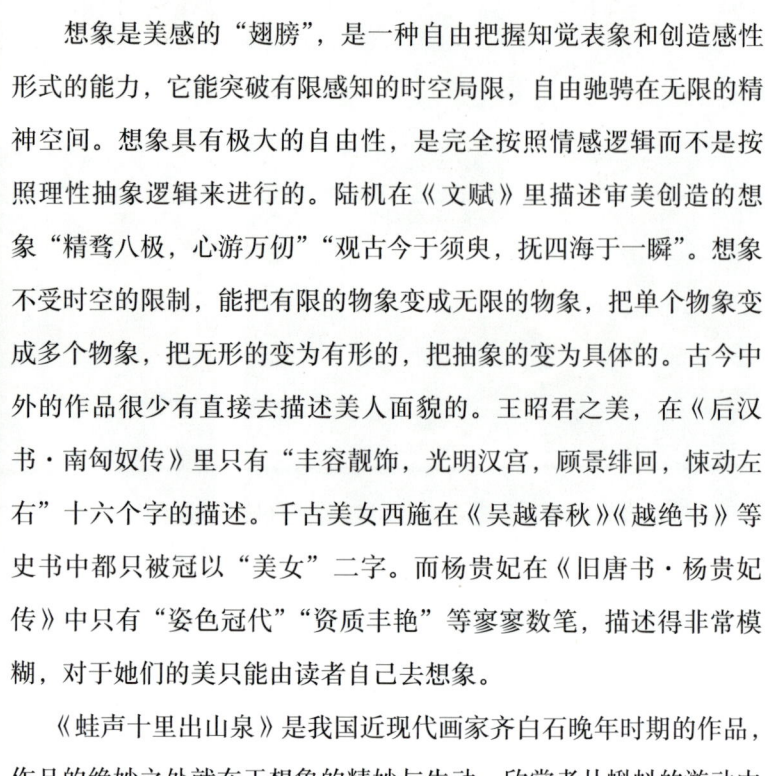

想象是美感的"翅膀",是一种自由把握知觉表象和创造感性形式的能力,它能突破有限感知的时空局限,自由驰骋在无限的精神空间。想象具有极大的自由性,是完全按照情感逻辑而不是按照理性抽象逻辑来进行的。陆机在《文赋》里描述审美创造的想象"精骛八极,心游万仞""观古今于须臾,抚四海于一瞬"。想象不受时空的限制,能把有限的物象变成无限的物象,把单个物象变成多个物象,把无形的变为有形的,把抽象的变为具体的。古今中外的作品很少有直接去描述美人面貌的。王昭君之美,在《后汉书·南匈奴传》里只有"丰容靓饰,光明汉宫,顾景裴回,竦动左右"十六个字的描述。千古美女西施在《吴越春秋》《越绝书》等史书中都只被冠以"美女"二字。而杨贵妃在《旧唐书·杨贵妃传》中只有"姿色冠代""资质丰艳"等寥寥数笔,描述得非常模糊,对于她们的美只能由读者自己去想象。

《蛙声十里出山泉》是我国近现代画家齐白石晚年时期的作品,作品的绝妙之处就在于想象的精妙与生动。欣赏者从蝌蚪的游动中想象到,"蛙声"就是从十里之外的上游传来,这种把无形的声音转化为有形的画面,极大地丰富了艺术作品的感染力。因此,没有想象就没有美的欣赏,想象越丰富,越能使人们感受到丰富而深刻的思想意义与社会内容。

中国画《蛙声十里出山泉》(齐白石,1951)

3. 审美中的理解

理解是美感的导向和规范,美的事物不仅具有生动、具体的感性形式,而且还隐藏着深刻的含义,体现着人的本质力量,如果不积极地发挥理解的作用,就不能把握美的对象的内在本质,领会其意义。

(1)理解审美与现实的区分。审美理解的目的是获得精神上的满足与愉悦,它能取代现实生活中实际的功利作用。朱光潜在《文艺心理学》中曾举了许多例子来说明,如当一位英国老妇人看到《哈姆雷特》剧中最后决斗一幕时,大声警告台上饰演王子的演员当心那把上过毒药的剑。这是因为,老妇人把艺术世界的"虚"与现实世界的"实"等同起来,未从审美状态还原到实用状态。只有清楚地意识到两者的区别,保持适当的"心理距离",才能在热情中保持冷静,从容而自由地进行审美欣赏和情感体验。

(2)理解审美对象的内容。在欣赏南唐画家顾闳中的代表作品《韩熙载夜宴图》时,我们必须了解这幅画的政治历史背景,南唐后主李煜即位后,有意重用

绢本绘画《韩熙载夜宴图》（局部）（顾闳中，五代·南唐）

韩熙载，想了解韩熙载整天在家做什么，于是派遣画家顾闳中赴宴，采用"心识默记"的方式，画下这幅画，这幅画暗藏着深刻的历史内容和韩熙载复杂的心理描写。因此，在审美的过程中，我们需要了解审美对象的题材、情节、典故、时代背景、象征意义等内容，才能充分享受美。

（3）理解审美对象的形式。美在各个领域都有其独特的表现手段、技法、技巧、程式等形式。如欣赏摄影艺术，如果懂得摄影中的构图、光线和影调等艺术手法，那么不但能鉴赏摄影作品，还可以进行摄影艺术美的创造。如欣赏京剧艺术，就要认识戏曲行当的程式性、脸谱的程式性以及动作、唱腔的程式性，还要认识道具和动作的虚拟性（如一桌二椅既可以当桌椅，还可以当山、楼、门、床；舞台上转几个圆场就是走了千里之路；几个龙套就代表了千军万马等）。懂得京剧《三岔口》表演技法的人，纵然舞台上灯光明亮，但仍然可以从演员的神态、动作中理解到这是一个伸手不见五指的夜晚；懂得欣赏京剧《空城计》的人，虽然看到诸葛亮与司马懿近在咫尺，也能理解他们一个是在城内一个是在城外。如果不认识这些特有的艺术表演形式，当然就会看不懂，更谈不上获得审美感受和进行审美评价。

京剧《三岔口》剧照

（4）理解审美对象的象征与暗示。在西方艺术中，百合花象征着纯洁，玫瑰花象征着爱情，如果对这些象征意义不了解，会对审美的理解带来困难。因此，需要了解审美对象的"言外之意"，如《红楼梦》中，林黛玉临死的时候说："宝玉，宝玉，你好……"便不作声了，到底好什么？里面包含的意义太多了，很难用文字表述。徐悲鸿的《风雨鸡鸣》创作于抗日战争期间，画面上一只站在石头上的雄鸡正引颈长鸣，画家借此来抒发爱国之情，激发奋起自强的勇气。

4. 审美中的情感

审美活动也是情感活动，审美中的情感体验是审美活动区别于科学活动与道德活动最显著的一个特点。它常以触景生情、移情于物等方式呈现于审美实践中。

触景生情就是感动而动，情因景生。如"春秋代序，阴阳惨舒，物色之动，心亦摇焉"是主体为眼前景象所感动，"伤心桥下春波绿，曾是惊鸿照影来"是由眼前景象引发的个人记忆即想象，"斜阳影里说英雄"是由现实处境引起的对历史的想象，使过去和现在交织在一起。

移情于物是主体把自我感觉、情感和生命体验移植到客体上，即主观情感的客观化。人们在高兴的时候看到花鸟会感觉花欢鸟唱，在悲凉的时候赏月观云会感觉月淡云愁。寂寞的时候人们感到情绪难以言传，一旦将情感投射到黄昏风雨中暗放的寒梅上，寒梅就有了寂寞苦寒的影子。

情感是美感的动力和本质，它贯穿于审美的全过程，使得整个审美的心理过程都带有浓厚的情感色彩。情感与感知、想象、理解也有着极其密切的关系，彼此相互渗透相互激活，最后构成了完整的审美心理过程。

（三）审美体验

当代人本主义心理学家马斯洛认为："高峰体验"是人在自我实现的创造过程中产生的最激荡人心的时刻，它使人如痴如醉、销魂落魄。马斯洛指出这种"高峰体验"几乎存在于人类活动的一切领域，但最容易发生在审美领域。在审美活动中，审美体验越丰富、越深刻，心灵受到的震撼越强烈、越深沉，所获得的审美感受就越愉悦、越高级。由于美的形态不同，审美体验也具有多样性。一般而言，审美体验有以下三种形式：

1. 感官快适之美

这是一种初级阶段的美感形式，是一种比较容易获得愉悦感和精神享受的审美体验。快适审美不需要心理准备，也无需复杂的思想活动，当我们一接触审美对象时就立即接受，没有任何障碍，感官便能获得极大的愉悦和满足。如：

欣赏自然美景时，一阵清风带给你的肌肤的快感，走进玫瑰园时玫瑰的香味带给你嗅觉的快感，爱人拥抱带给你触觉的快感，参加宴会时的美味佳肴带给你味觉的快感等。欣赏贝多芬的钢琴曲《致爱丽丝》，我们甚至无需弄清作品的创作背景，那明快的旋律和节奏便可以让疲惫的身心获得无比满足与欢畅。这些嗅觉、味觉、听觉、触觉的快感，以超实用性渗透到了我们的美感之中，成了美感的一部分。

2. 感官快适与理性满足互补之美

这是一种重要的美感形式，我们在欣赏审美对象的过程中，在获得感官快适的同时，再加入一点思想活动，进行一些理性思考，获得的美感则更强烈一些。如：我们在欣赏徐悲鸿的《奔马图》时，会把马儿的雄姿英发同人的积极求索的情怀联系到一起；欣赏《蓝色多瑙河》时，会把音乐语言描绘的美丽、浩瀚的多瑙河与人的胸襟气度结合起来；欣赏凡高的《向日葵》时，会透过金黄色果盘、饱满的籽粒、枯萎的叶片，感受生命强烈的质感和艺术家起伏跌宕的人生际遇。欣赏这样的审美对象时，我们不仅得到了感官的快适，也得到了精神的满足，感官的快适与理性的满足互为补充，才能获得更进一步的美感享受。

中国画《奔马图》（徐悲鸿，1941）

油画《向日葵》（凡高，荷兰，1888）

3. 侧重理性满足之美

这是一种复杂的美感形式，我们需要经过复杂的思想活动，联系历史文化背景解读审美对象，否则几乎很难把握对象的美。这时，感官的快适不是主要的，理性的满足才更重要，这种美感是更深层次的精神愉悦，往往更深沉、更强烈，也更持久。以罗中立的油画作品《父亲》为例，它带给欣赏者的不是快感而是痛感，要把握它的美需要经过深刻的理性思考。《父亲》是1980年"第二届中国青年美展"中获一等奖的作品，是一幅写实主义的农民巨幅肖像画。画面中，农民皮肤黝黑、嘴唇皲裂，粗糙的双手端着破旧的瓷碗，眼窝深陷、满脸沧桑，是老一代农民艰难生存的真实写照。整个肖像所刻画的形态十分典型，激起广大观众的共鸣：淳朴、憨厚的表情，老实、迷茫而又恳切的目光，像是在缅怀过去，又像是在期待未来。在老农的左耳上，夹着一支廉价的圆珠笔，暗喻着新时期改革开放的新契机和新希望，贫困落后的农村生活有望改善。同时，这幅作品也体现了画家本人对黄土地的眷恋，他将国家和民族的前途，以及对父辈的挚爱与深情全部融于这幅画中。

因此，通过把握审美对象所体现的本质和真理所感受的美，往往具有更深层次的精神愉悦，而这种美感一旦获得也更加强烈持久。

油画《父亲》（罗中立，1980）

中国美育思想的产生与发展

我国有着悠久的美育历史。虽然"美育"一词20世纪初才引入中国,但是中华美育思想早在两千多年前就已经存在。一是以孔子为代表的儒家学派,建立了以"仁"为核心,以"乐"为手段,以服务社会为目的的美育思想。二是以庄子为代表的道家学派,建立了以"自然"为核心,以"反观内省"为手段,以颐养生命为目的的美育思想体系。

"礼乐教化"是中国古代一种十分悠久的文化传统,从距今8 000多年前的新石器时代早期的七音骨笛,到2 400多年前出现的曾侯乙编钟,处处可见"礼乐教化"在中国先秦时期已处于较为发达的水平。自有文字记载的周朝开始,周公的"制礼作乐"就使"礼乐教化"进入了较为自觉的体系化和制度化的阶段。其中,礼是伦理关系的规范、仪式,乐是包括诗、歌、舞在内的综合体艺术,礼乐结合,既是治理国家的法律、制度,又是进行教育的方式。周朝还形成了当时的贵族教育体系"六艺",即:礼、乐、射、御、书、数。《周礼·地官司徒·保氏》记载:"养国子以道。乃教之六艺:一曰五礼,二曰六乐,三曰五射,四曰五御,五曰六书,六曰九数。"

这就是所谓的"通五经贯六艺"的"六艺"。春秋末期,"礼坏乐崩",以孔子为代表的儒家学派极度推崇周朝的"礼乐"制度,试图"克己复礼",把教育从国家政治生活中独立出来,创立了古代教育体系,他以"六艺"教授弟子,提出"兴于诗、立于礼、成于乐"(《论语·泰伯》),充分肯定了美育对于人的精神的深刻影响力,以"诗教"和"乐教"为审美教育手段,并贯穿于教育的全过程。儒家美育思想认为,人的教育发端于诗教,诗教使人温柔敦厚,而人格的完善终于乐教,乐教使人广博易良,使人格臻于最高的境界。诗教与乐教在人格培养中发挥重要作用,即通过艺术的审美功能,使人受到感染,在潜移默化中把外在的社会伦理规范（礼）变成个体自居的内在要求，并形成了以"天人合一"的哲学观为基础的"中和"的美学和美育思想。

如果说儒家的美育思想以"里仁为美"，以造就"文质彬彬"的"君子"为最高目标，那么道家的美育思想则以"充实之谓美"，着眼于人内在精神的丰富和身心自由的发展，体现了更为"真朴"的审美价值取向。从庄子《逍遥游》中的"至人无己，神人无功，圣人无名"，可以看出道家美育的最高境界是培养德才兼备、精神健全的至美至善之人，他笔下的神人"肌肤若冰雪，绰约如处子，不食五谷，吸风饮露，乘云气，御飞龙，而游乎四海之外""其寝不梦，其觉无忧"。虽然文风有些夸张，但总体上也传达了身心健康、真实纯美、精神远阔的理想人格状态。

20世纪以来，特别是1911年辛亥革命和1919年五四运动以来，我国结束了封建帝制，开启了现代化的进程。王国维是中国现代历史上第一位系统阐述现代美育的学者。1903年，他在《教育世界》杂志发表了《论教育之宗旨》一文，他把教育分为体育和心育，提出了著名的"心育论"，首倡美育，并将德、智、美纳入"心育"之内，形成了有别于中国古代"礼乐教化"的现代美育思想，构建了中国现代美育的框架。

此外，在中国20世纪美学与美育研究中，一批著名的美学与美育理论家以及知名论述涌现出来，如梁启超的"新民说"、朱光潜的"人生论"、丰子恺的"人生—同情论"等。其中，以朱光潜的美育理论最具有代表性。受西方美学的影响，朱光潜始终倡导对现实人生的关怀和对人的自由和解放的追求，倡导真善美和知情意的统一，这既是朱光潜美学思想的"主旋律"，又是他的美育思想的核心。朱光潜的美学和美育思想，自始至终贯穿着一条主线，就是对人生理想的设计和追求——"人生的艺术化"。他认为"人生本来就是一种广义的艺术"，所以他提倡人生艺术化，即要求人们过"本色的生活"；能充分领略生活的乐趣和情趣；同时具备真善美；并且不唯理智。他认为"人生艺术化"也是"全人教育"不可或缺的途径。在著作《谈美》的末章中，他这样描述：

阿尔卑斯山谷中有一条大汽车路，两旁景物极美，路上插着一个标语牌劝告游人说："慢慢走，欣赏啊！"许多人在这车如流水马如龙的世界过活，恰如在阿尔卑斯山谷中乘汽车兜风，匆匆忙忙地急驰而过，无暇一回首流连风景，于是这丰富华丽的世界便成为一个了无生趣的囚牢。这是一件多么可惋惜的事啊！

二 西方美育思想的产生与发展

与中国西周时期的"礼乐教化"相似,西方也重视审美教育的重要作用。西方美育思想的产生,最早可以追溯到古希腊、古罗马时期。美育即缪斯教育,是以希腊神话中掌管文艺、美术、音乐和诗歌的女神命名的。古希腊雕塑、绘画和建筑艺术的兴盛繁荣,与艺术教育的倡导紧密相关。从毕达哥拉斯学派的"美在和谐"说,到苏格拉底的"美在效用"说,柏拉图的"美在理念"说,以及亚里士多德的"美在整一"说中,都蕴藏着西方古代哲学家们对于美育的思考。

而系统提出"美育"理论的,是18世纪德国浪漫主义诗人和剧作家席勒。1793—1794年,席勒为了回馈丹麦公爵奥古斯腾堡和伯爵史梅尔曼的资助特意书写了27封书信集,原发表于席勒自己主编的杂志《季节女神》,后结集为《美育书简》,首次使用了"美育"概念,并对美育的含义、内容、性质、任务及其社会意义做了系统的阐述和分析,后来人们把《美育书简》称为"第一部美育的宣言书"。他主张要从复归现实人性、改造社会的广阔范围来论述美育,提出:"若是要把感性的人变成理性的人,唯一的路径是先使他成为审美的人。"席勒强调美育的巨大作用,美育能使"感性的人"培养起理性,使"理性的人"培养起情感,引导人们从自然状态迈向道德状态,培养起完善的人格和优美的心灵,从而获得人的自由和社会进步,这在当时具有十分重要的意义。在席勒之后,黑格尔在他的作品《美学》里,也用大量的篇幅阐述美育思想,把审美教育中的艺术教育推向一个新的高峰。

19世纪中叶以后,社会现代化步伐的加快也同步带来了人与社会、科技与人文、感性与理性的冲突,人文精神的补缺成为十分紧迫的当代课题,而美育作为人文精神的集中体现,是实现人文精神补缺的重要途径。在这样的情况下,美学教育由"审美启蒙"转到"审美补缺","美育转向"促使审美教育有了新的发展,美育渗透到了各个领域,美育的意义更为广泛,一大批美学理论家为美育的发展做出了贡献,如:叔本华的"艺术是人生的花朵",尼采的"艺术是生命的伟大兴奋剂",杜威的"艺术生活化",弗洛伊德的"艺术即原欲的升华形式"以及海德格尔的"人诗意地栖居在大地上"等思想使西方美育理论日臻完善。

一代宗师蔡元培

美的欣赏

北京大学校园内的蔡元培像

蔡元培（1868—1940），字鹤卿，浙江绍兴人。我国著名的革命家、教育家、政治家。1889年中举，1894年点翰林。1898年，弃官还乡，立志教育救国，先后在浙江等地兴办新学。1917年任北京大学校长。蔡元培一生十分注重美育，他从理论与实践两方面有力地推动了我国美育的快速发展，为中国高等教育的发展做出了重大贡献。毛泽东同志曾给予他高度评价："学界泰斗，人世楷模！"

蔡元培的美育思想与实践总体可归纳为以下三个方面：

1. 完全人格教育与美育

完全人格教育是蔡元培先生教育思想的重要组成部分。中国旧式教育崇尚"学而优则仕"，教育的目的在于读书做官。蔡元培先生执掌北大时，从立国立民的角度提出，新教育的目的乃是"养成完全人格"。他在1917年就任北大校长的演说中提出："大学者，研究高深学问者也。"他要求学生要"抱定宗旨""为求学而来"；要"敬爱师长""砥砺德行"，提出"造成完全人格，使国家隆盛而不衰亡，真所谓爱国矣。"因此，蔡元培先生的"完全人格教育"思想是以培养自由、民主、平等的社会新人为目标。为了实现教育理想，实现完全人格教育，蔡元培先生提出了军国民主义教育、实利主义教育、公民道德教育、世界观教育和美感教育的"五育"并举的教育方针。心理学认为,人的心理品质包含知、情、意三个方面,健全的人格要求三者和谐一致地发展。而"五育"中,德育、体育主要与意志相关,智育主要作用于知识与智力,而美育则直接与情感相联系。蔡元培先生认为:"美育者,应用美学之理论于教育,以陶养感情为目的者也。""修身,德也,而以美育及世界观参之。"美育的这种独特地位和作用,是德育、智育、体育所难以取代的。美育不仅可以辅助德育的完成,还可以促进智育的飞跃。"五育"并举,以美育人,共同作用于和谐健全的人格塑造。

2. 以美育代宗教说

正如前文所说,蔡元培先生基于"完全之人格"的目标提出了"五育"并举的教育方针。其中,美感教育是蔡元培先生一个颇有特色的教育思想。蔡元培发表了大量有关美育理论的演讲与文章,如《美育》《美育实施的方法》《二十五年来中国之美育》等美育文章,尤其以"以美育代宗教"的思想闻名于世。蔡元培认为,原始人类处于未开化时期,由于没有科学,一切人类不容易知道的事,即知、情、意等精神领域都需要依赖于宗教去解释。但随着社会的发展与进步,知、情、意便开始逐步脱离宗教,有的甚至被宗教所拖累。同时,蔡元培也看到了各种宗教彼此之间的党同伐异,甚至还常常被卷入现实的政治斗争与种族冲突中,他提出:"以此两派相较,美育之附丽于宗教者,常受宗教之累,失其陶养之作用,而转以激刺感情。"他认为,美育在时代的进步中没有完全与宗教脱离关系,阻碍了美育的发展。宗教和美育有很大程度上的不同,若将两者进行对比,宗教则具有明显的局限性:"美育是自由的,而宗教是强制的;美育是进步的,而宗教是保守的;美育是普及的,而宗教是有界的。"因此,蔡元培先生提倡"以美育代宗教",以免国人的感情受到污染和刺激,心灵在艺术的熏陶下更为纯正,真正满足了人内在的精神需求。

蔡元培先生任北京大学校长期间,对美育实践工作事必躬亲。他率先开设美育课程,亲自授课,编写教材,投资建设各种美育设施,改组和创设乐理研究会、音乐研究会、画法研究会等,亲拟章程、亲任会长、亲自选定导师和地点、参加开班与结业仪式,成绩斐然。

"以美育代宗教"思想承载着蔡元培先生等一代人的文化理想,深刻地揭示了美育依托情感陶冶,对个体及社会大众的深刻影响。百年掠过,美育一直如影随形,它于感性展开的同时让我们增强了文化自信、坚定了理想信念,并成为一代又一代人自我丰富、自我完善的不竭动力。

3. 现代艺术院校的开山鼻祖

作为中国现代教育的先驱,蔡元培先生积极推行教育改革,不断充实与完善新式教育体制，提出了"劳动化、科学化、艺术化"的教育方针。其中，艺术教育是蔡元培先生办教育的重要议题。1927年，蔡元培组织大学院时，即设立"全国艺术教育委员会"。他积极倡议、支持和创办各种艺术学校。当年11月，他在上海成立了音乐院，蔡元培先生亲自兼任院长，中国现代音乐史的一代宗师、现代专业音乐教育的开拓者与奠基者萧友梅担任教务主任，这就是中国历史最悠久的高等音乐学府——上海音乐学院的前身。1928年，音乐院改名为音乐专科学校，萧友梅任校长，但蔡元培一如既往地关心着音乐学校的建设。蔡元培还亲自在校园内种了一棵大松树，并在树前摄影留念。后来"音专"人一直以蔡元培为学校的创办人。

另一所蔡元培先生一手推动创办的重要艺术院校——"国立杭州艺术专科学校"，即今天中国美术学院的前身。迄今，中国美术学院大门上仍然保存着蔡元培先生亲题的"国立艺术院"校名。

蔡元培先生创办的这些艺术机构，如今已成为中国乃至世界著名的艺术院校，这样的功绩可谓彪炳史册。蔡元培先生筚路蓝缕，为我国现代美育的发展建设积累了宝贵经验，也鼓励着我们沿着他的足迹继续前行，开创中国美育事业更加美好的明天。

美的视窗

话题探讨

2021年9月，中共中央宣传部印发了《关于开展文娱领域综合治理工作的通知》，针对文娱领域的天价片酬、"阴阳合同"、偷逃税、流量至上、畸形审美、"饭圈"乱象、"耽改"之风等问题集中开展文娱领域综合治理工作。

作为一名大学生，你如何看待现今娱乐圈的这些现象，并结合本章学习内容谈一谈大学生应如何树立正确的审美观。

拓展阅读

我们对于一棵古松的三种态度

假如你是一位木商，我是一位植物学家，另外一位朋友是画家，三人同时来看这棵古松。我们三人可以说同时都"知觉"到这一棵树，可是三人所"知觉"到的却是三种不同的东西。你脱离不了你的木商的心习，你所知觉到的只是一棵做某事用值几多钱的木料。我也脱离不了我的植物学家的心习，我所知觉到的只是一棵叶为针状、果为球状、四季常青的显花植物。我们的朋友——画家——什么事都不管，只管审美，他所知觉到的只是一棵苍翠劲拔的古树。我们三人的反应态度也不一致。你心里盘算它是宜于架屋或是制器，思量怎样去买它，砍它，运它。我把它归到某类某科里去，注意它和其他松树的异点，思量它何以活得这样老。我们的朋友却不这样东想西想，他只在聚精会神地观赏它的苍翠的颜色，它的盘屈如龙蛇的线纹以及它的昂然高举、不受屈挠的气概。

——朱光潜《谈美》

（1）"我们"对于一颗古松的三种态度，分别是哪三种？每一种态度各有什么特点？

（2）罗丹说："所谓大师，就是这样的人，他们用自己的眼睛看别人见过的东西，在别人司空见惯的东西上能发现出美来。"请欣赏罗丹的作品《思想者》《行走的人》《吻》等，并阅读《罗丹艺术论》（奥古斯特·罗丹述，保罗·葛赛尔记，傅雷译），然后谈谈作为一名大学生，我们如何能在寻常的生活中发现美的踪迹，提升审美能力？

组织学生对本地区高职院校大学生审美素养状况进行一次调研

1. **调研主题：** 高职院校大学生审美素养状况调研
2. **调研目标：** （1）帮助大学生进一步了解本群体的审美素养基本情况。
   （2）引导大学生树立独立、健康、积极的审美意识。
   （3）在实践中进一步促进大学生的自我塑造与自我完善。
3. **调研要求：** （1）以5~8人为一组，选定一名组长，明确调研分工。
   （2）可对学校的美育活动进行一次采访、跟随拍摄，较全面地记录大学生参与美育活动的具体过程。
   （3）学生分析调研结果，总结调研体会。
4. **调研成果：** 形成调研报告，以PPT等形式在课上进行分享与汇报。

心灵美

专题二

美的导航

"心灵美"这个词最早出现在古希腊，古希腊著名哲学家柏拉图认为，心灵美与身体美的和谐一致是美的最高境界。与古希腊同时期的中国处在春秋战国时期，这一时期中国虽然没有出现"心灵美"这个词，但儒家的仁、智、孝、悌、忠、信、礼、义、廉、耻、温、良、恭、俭、让，包括道家讲的道德，其实都属于心灵美的范畴。特别是儒家文化的核心——"仁"，更是从根本上就有心灵美的内涵，"仁"字的写法除了常见的之外，古籍中还有上"身"下"心"的写法，这种写法的仁字蕴涵着"心灵"与"身体"身心一体的含义，与柏拉图对美的最高境界的描述有异曲同工之妙。

那么人为什么要做到"仁"，或者为什么要达到心灵美呢？从儒家的观点来看，"仁"不仅是实现修身齐家治国平天下的必备基础，也是个人内心平和、健康长寿的基础。在古希腊哲学家苏格拉底看来，心灵美是实现人生最重要的目的——幸福的最重要手段。其实，这两种观点是比较相近的，从这个角度上来说，心灵美可以算是人类世界的共同价值观了。此外，从西方经济学的角度来看，道德也不过是一种利益分配机制而已，这个机制是大家公认的、比较公平的且长久的机制。遵守这个机制，就可以获得心安理得的利益，若不遵守，短期可能会获得超额利益，但是长期来看是要受到惩罚的，会破坏人生的幸福。所谓君子爱财取之有道，说的也是这个意思。

那么，究竟什么是心灵美？它有哪些显著特征？从古代中国到当今社会，经过两千多年的发展，现代人对心灵美的认识有什么新变化？作为当代大学生应该怎样形成心灵美？值得我们每一个人去认真探究。

美的认知

一、心灵美的内涵

"心灵",从词义上考查,主要是在处理人与人关系上的思想和感情。"美",是指能引起人们美感的客观事物的一种共同的本质属性。心灵美既体现智慧与美感的价值,又体现一个人作为社会人的价值。德国诗人海涅说:"在一切创造物中间没有比人的心灵更美、更好的东西了。"心灵美是一个人美的基础和核心,是更高层次、更高境界的美,是人最本质的美。

人的美应是感性的自然形式美同内在心灵美的和谐统一。在实际生活中,人们既要注重外表美,更应注重心灵美。中国古代思想家将心灵美称作"内秀""性善""仁""诚"等。孔子提出"里仁为美",墨子认为"务善则美",孟子认为"充实善信"是美德之人,只有善的、诚实的心灵才是美的。在新闻报道中,"最美教师""最美医生""最美记者""最美妈妈"……这些闪光词汇的承载者不是因为他们有漂亮的外表,而是因为他们有美丽的心灵。

由此,心灵美是人的精神世界的美,包括思想意识、道德情操、精神意志、智慧才能的美,集中体现了社会文明对人的要求,是行为美、语言美、仪表美的内在依据,并通过具体的感性形态被人们所感知。

"2022最美教师"发布仪式

二、心灵美的特征

（一）心灵美具有社会性

人的美是感性的自然形式美同内在心灵美的和谐统一。马克思主义认为，人具有两重属性，即自然性与社会性，人的本质属性是社会属性。心灵的美化，社会文明的发展，从根本上说就是使人在自然性与社会性的博弈中，摆脱自身肉体的有限性而获得精神的无限性的过程。大学生要成长为德智体美劳全面发展的社会主义建设者和接班人，其"美"的要求在一定程度上就是"审美"能力的体现。有人说这是一个"看脸"的时代，颜值即正义。很显然，只关注颜值的人对"美"的理解既不全面也不客观。在青年人关于"美"的把握越来越倾向于自然性的时候，有人高呼"美丽的皮囊千篇一律，有趣的灵魂万里挑一"。当我们把目光更多聚焦在心灵的美化上，人作为社会人的本质才能更充分地展示出来。

人对心灵的美化实际上就是人的社会化。心灵美展示、彰显着人的社会性。其集中表现在：首先，心灵美是美的本质最直接、最明显、最充分的表现，也是社会实践的内化积淀。柏拉图说："美，节奏好，和谐，都由于心灵的聪慧和善良。"实际上，在审美文化的意义上，即使是重视人的容貌声色之美，也往往与自我价值的发现、个性情感的张扬、生命意义的重建等内在心灵的因素息息相关。其次，心灵美是人的生命的意义和价值所在。心灵美的意义就在于符合道德，体现出道德的善。倘若一个人只关注自己得到实惠，只追求现实的功利和物质享受，遗忘和抛弃了自己的道德操守、精神归宿和人性升华，以物易性，心为形役，没有了善性，没有了自尊，难以为人，又何以言美？唯有心灵美才能使人高贵。最后，心灵美是人区别于动物的最根本、最显著、最重要的标志。人是社会化的动物，在吃、穿、住、行、性等最基本的自然需要上，都深深地打上了"人"的烙印，折射出人的心灵境界。人不仅是一个物质性的存在，更是精神性的存在。人活着不仅仅是为了满足自己形而下的物质需要，更重要的是，人还要追求无限广阔的精神生活。人的本质是社会关系的总和，在于人的社会性。既然如此，心灵美就更应成为人的重要本质。心灵美在社会实践中形成、发展和完善，也在社会实践中表现出鲜明的社会性。

（二）心灵美具有时代性

心灵美是人的本质力量的集中体现，是人类长期社会实践的产物，在教育、学习、磨炼以及同假、恶、丑的斗争中形成和发展，受特定时代的生产方式、生活方式、社会制度、道德准则、文化发展状况等因素的制约。心灵美作为意识形态的范畴，也必然受经济基础决定。心灵美的内涵与要求也会随着经济基础的变化而改变。不同时代、不同阶级的人对心灵美有着不同的衡量标准。思想意识的美，包括正确的立场、观点、方法、崇高的理想、爱国主义、集体主义思想等；道德情操的美，包括情感、操守、格调的美等；精神意志的美，包括进取精神、创造精神、顽强意志、崇高气节的美；智慧才能的美，包括高度的文化素养、知识才能、聪明睿智等。

在新时代，我们应该给予"心灵美"新的解释，赋予它新的时代内容。首先，应与社会主义核心价值观相吻合。社会主义道德的核心是为人民服务，社会主义道德建设的原则是集体主义原则，社会主义的"心灵美"体现在始终把对人民、对民族、对祖国的爱放在第一位。在社会主义核心价值观指导下，具备既坚定又灵活、既勇敢又谨慎、既谦虚又自信、既朴实又聪明、既严肃又活泼，廉洁奉公、光明正大等品质。其次，社会主义的"心灵美"具有崇高的精神境界。坚持集体主义和把全心全意为人民服务作为自己的责任担当，自觉践行社会主义核心价值观，大公无私、助人为乐，吃苦在前、享乐在后，自觉为共产主义事业奋斗终身。

（三）心灵美具有综合性

《礼记·大学》中有"诚于中，形于外"的记载，《国语·周语下》中有"观其容而知其心"的描述。人的内心所想不可避免地会在行为中流露出来。因为心与行相通，内与外相连。人的表情、动作、语言、风度等，都是人的内在品质的外化，都体现着心灵的光辉。朱熹说过："和顺积中，而英华发外；美在其中，而畅于四肢。发于事业，则德业至盛而不可加矣。"和顺的美积淀于形体之中，扩而充之，发而外之，便可畅流于四肢和外在世界。这样，个体内在的善之美就不是不可感知的，而是与外在的感性美相融合的。《国语·晋语三》有云："夫人美于中，必播于外。"比如，"巧笑倩兮，美目盼兮"的表情美；"萧萧肃肃，爽朗轻举"的态度美；"罗衣从风，长袖交横"的服饰姿态美，无一不是心灵美的外在流露或显现。正如黑格尔所说："人通过改变外在事物来达到这个目的，在这些外在事物上面刻下他自己内心生活的烙印""不仅对外在事物人是这样办的，就是对他自己，他自己的自然形态，他也不是听其自然，而要有意地加以改变。一切装饰打扮的动机就在此。"

心灵美还反映着人的精神面貌、体态和气质。《礼记·大学》中的"德润身，心广体胖"，说的是有德之人，身心修养得好，内心宽广和洽，外表必定容光焕发，神采奕奕，舒泰坦荡。荀子也说："德至者色泽洽，行尽而声问远。"心灵美好，德行达到最高境界的人，脸色表情一定和蔼，行为举止一定完美，名声自然就会远扬四方。诚中形外，内美外现，这是现代人的通识。所谓"心态决定仪态""态度决定风度""心善决定言善""素质决定气质""品德决定魅力"……这诸多的"决定"表明，心灵美能折射出丰富多彩的外在美。没有感性的表现，美也就不存在。作为人的本质美——心灵美是隐蔽的、内在的、深层次的，往往不是一接触就能发现或深刻感受到的。也就是说，一个人要打造自己的外在美，增强自己的魅力，首先必须塑造自己的心灵美。

因此，心灵美是人的仪表美、语言美、行为美的综合展示，是人的精神美、品格美、智慧美的统一。

美的历程

心灵美是人的精神世界之美，是人对自我本质深刻认知基础上的内心精神力量的彰显。在人类历史长河中，心灵美集中体现为人类文明进步的永恒价值，不仅以高尚的道德情操为价值体现，更在人类历史发展中呈现为一种生命的情怀，一种自由的境界，一种饱含情感的人性美。

从刀耕火种、茹毛饮血的部落文明到今天以高度信息化和智能化载体呈现的精神文明发展，人类历史对美的认知与欣赏是人类天性之所趋，古今中外一理。而"心灵美"是人类对美的认知中深层的思维建构，是关于人的"心灵境界"的美的认知。

一、"心灵美"的思想溯源

西方对美的认知一般可以追溯到古希腊时期。论及"心灵美"一词的根源，大抵应从古希腊说起。柏拉图所说的"心灵的优美与身体的优美谐和一致"是哲人的最高追求，这是一种"在心灵方面没有欠缺的""由于心灵的聪慧和善良"而达到的完全的"尽善尽美"，是一种"最美的境界"，这是对"心灵美"概念比较正式的阐述。在柏拉图看来，人类追求身与心的优美与和谐是天性之呈现，他认为和谐即是美。其他同时期的哲人也对心灵美有着各自的理解，德谟克利特明确提醒人们要"比留意身体更多地留意他们的灵魂"，认为"身体的美，若不与聪明才智相结合"，便是"某种动物性的东西"。这里可以看出，德谟克利特将心灵之美理解为人之为人的基础条件，也是人之所以为独立自我表达的基础。而先于柏拉图的毕达哥拉斯则认为，人有了好的灵魂便是幸福的，这种对灵魂幸福的向往，亦是对心灵美的一种表达，并把这种对美的向往与人自身追求和谐的愿望相统一。柏拉图之师苏格拉底对心灵美亦有着道德层面的深层认知，他提出人不

壁画《雅典学派》(拉斐尔，1510—1511)(位于正中间的两个人即柏拉图和亚里士多德)

能"只注意金钱名利，而不注意智慧、真理和改进你的心灵"，也就是说他认为人生的重大使命除了功成名就之类的世俗价值实现外，更重要的是要在内心层面实现自我的超越和提升，这是对心灵美内涵的更深刻的理解与把握。纵观西方古典美学的发展历程，中世纪贵族的经济基础殷实稳定，促进了文化艺术的发展和繁荣，其造就的民主自由氛围为"心灵美"的塑造提供了土壤，让"心灵美"之花自由绽放。

中国传统文化对心灵美的认知更为含蓄，更多的是包含在对世界、自我的认知之中，展现为天人合一的和谐致知、情怀高尚的道德情操、虚空逍遥的精神境界、珍情重爱的生命共鸣。作为中国传统文化的奠基者和主要代表人物，孔子被奉为"圣人"，其"仁学"思想可谓传统儒家文化之源头。孔子的思想博大精深，其所倡的"仁道"理念在春秋以前未曾出现，在他的时代才被广泛使用。据考证，《诗经》里《郑风·叔于田》有"洵美且仁"之说，意为"他真漂亮又谦逊"，这和《齐风·卢令》中的"其人美且仁"同义，均指人内外之美的和谐统一，"仁"指内心，"美"指外表。有些古代竹简中甚至把"仁"字写为上"身"下"心"（如郭店楚简和上博楚竹书上的"仁"大多写成这样），以表身心的和谐之美。这是中国古代对美、心灵之美的较早可考的系统表达。"亚圣"孟子倡导"为仁"理念，进一步把孔子的"仁爱"心灵之美明朗化、现实化。他说，执仁不一定需要人人为圣，但是要达到人人内心主动追求。这是对"仁道"所统领的德目下心灵之美的具体理解。"为仁"即修炼"善美合一"的心灵。"仁学"就是通过"为仁"修习心灵的"心学"，也就是今天所说的"心灵的美学"。可以说，孔子、孟子正是中国传统文化中塑造心灵美的灵魂工程师。老子作为道家代表人物，对"心灵之美"有着另一种独到的理解。他讲的"涤除玄览，能无疵乎？"（《老子》十章），是说心灵的明澈与内心的光明得通过洗涤而获得，比喻要对人的各种欲望、痴念、心机、妄思等心灵尘垢进行荡涤以去除它们，这是从另一种视角对心灵之美进行的探索。

可见，无论是儒家还是道家，抑或其他学派，均从讲求"修养""净化"或"内省"之中关注人之内心与本性，旨在评说人的内心世界应当尽力获得一种心灵的明澄、自由与解放，从而达到和谐的状态。

由此可知，中西方的先贤哲人们均从心性与内在对心灵美进行了最初的探索与思考，这是一种相对静态的考量与思考。这种朴素的心灵美认知主要关注于人自身的修行与内在品性的提升，尚未涉及社会复杂元素对心灵美的深刻影响与改变。从这一角度出发，古代的中西方哲人对心灵美的认知主要集中于三个方面的基础理解，即人之本性、人生智慧与内心境界。这种关注随着人类社会发展愈加复杂而得到了更为深入的反映。

二 近代社会下心灵美的发展与演变

近代社会，随着人类对精神追求的提升，美学逐渐成为显学，并从根本思维上影响和改变着人类社会的进程。作为美之社会反映中的核心内容，"心灵美"是随着社会结构演进与人类文明发展而表现出来的道德修养发展变化的结果。因此，人的心灵美都不是独立存在的，而是借助于社会的文化形式、文明成果或行为方式呈现出来的，在很多时候表现为语言美、行为美、心灵美。《世说新语·赏誉》中记载，裴楷见山涛，形容其"如登山临下，幽然深远"。这就是一

绢本画卷《高逸图》（局部）（孙位，唐）（图中人物为山涛）

《高逸图》大图欣赏

种"气质美""风度美"，是对心灵美的质化而生。虽然人物并没有什么直接的美之举动，但举手投足或面部神态均反映出其内在的非凡精神气质，并焕发出非同寻常的魅力，这就是现代意义所谓的"心灵美"。

托马斯·哈代（英国，1840—1928）画像

如前所述，人类对心灵美的认知自先哲以来逐渐集中于人之本性、人生智慧与内心境界三个方面。心灵美是人之率真无垢的本性追求。德国哲学家海德格尔提出人要"复归于本真"的心灵状态，这和中国传统文化倡导的"率真本性"相一致。在人的本性上，"真与伪""信与欺""诚与巧""清与染"是对立统一的，心灵的率真与清净显现着人在自身及对象世界中的清亮与澄明，能够真实反映出一个真实的世界。同时，人自身还坚守着心灵中那一方神圣的净土，虚伪、巧诈和浑浊的心灵则鉴照着人内心世界的鄙陋与晦暗。这反映出当中世纪的神学之光消散，人们重回世俗的正常文明之中，但资本主义商品经济的侵蚀，冲击着人类以往一切神圣而崇高的精神殿堂。当人类既有的精神家园被打破，人与人之间的关系都变成冷酷无情的金钱交易时，西方文明对心灵美的理解渐趋式微。英国著名小说家托马斯·哈代就在其作品中对资本运作下的社会对心灵美的漠视进行了鞭笞。哈代身处资本主义的上升时期，当时资本主义正以排山倒海之势、雷霆万钧之力，摧毁着一切旧的生产方式下的封建关系和文明形式，冷酷无情成为人际关系的常态，人类一切原有的纯真与美都遭到破坏。为此，他在《葬在异乡的年青轻骑兵》等作品中朴素地还原了田园诗般的传统人类情感和美，对现实进行了无情的反讽。哈代在揭露资本主义的社会关系、金钱关系对人性的扭曲与摧残的同时，始终倾注着对人类美好感情的向往、推崇、歌颂与热烈不倦的追求，不断地洗涤着人类心灵中的污浊与丑恶，升华着人的精神境界与道德情操。

德国著名哲学家黑格尔在《精神现象学》中论及"优美灵魂"时，以"孤独的内心"比喻人在自由意志下的道德崇尚与心灵良知，主体良心的善与美在面对外界的批判中得以坚守，并成为内心一种神圣的崇高。这其实是对他身处时代的一种呐喊，外在的冷酷社会与他内心的良知热情成为鲜明的对立面，从而导致自身对心灵美的追求难以实现。

黑格尔《精神现象学》书影（上下卷，中华书局，1979年版）

三 现代社会的心灵美内涵与意蕴发展

现代社会给予人生之美更丰富的内涵和更深邃的意蕴，生产力的高速发展与

社会形态飞速变化，不仅能够给予人类社会物质文明的大发展，同时也带来了精神文明内涵的持续提升。人类文明突破情感的基础认知，逐渐形成了人类对精神境界的更高理解和追求。美成为人类对自身生活品质的最质朴体悟和欣赏，智慧、和谐、率真和道德美是现代社会意义下的心灵美的重要基础。它们源于对宇宙人生的觉解、了悟与妙赏，是人的心灵的一种自我超越，它表现出来的是一种洒脱超然、率真至诚的自由心境。正所谓"一切美的光是来自心灵的源泉，没有心灵的映射，是无所谓美的"。在科学认知的基础上，心灵美是情感、意志、动机、兴趣、理想、价值观、气质、性格等心理因子有序地排列组合形成的结构合理、运转正常的心理活动状态。2001年，国内知名学者周宪在《哲学研究》上发表《日常生活的"美学化"——文化"视觉转向"的一种解读》，把西方对于道德心灵美学的思考成果介绍到中国，从而也掀起了国内研究心灵美学的热潮。人们开始思考自身内心主观投射的美，表达人们以充满超然愉悦的审美眼光观照日常生活中蕴涵的"充满情趣的意象世界"之美，这也表达了现代社会的人们对内心美的真实而热烈的呼唤。因此，当"思想的社会关系"通过人的道德自省内化于心，达到较好的和谐或纯净状态，也就达到了心灵美的境界。正如美妙的音乐旋律能传递真挚情感，满足人们的情感诉求，从而产生共鸣，心灵美在心灵和谐与道德秩序承载方面的善，能够充分满足人们相互间善的诉求，从而产生灵魂的震撼与积极的共鸣，这就是心灵美要达到的境界。

四 社会主义核心价值观视域下的心灵之美

如前所述，心灵之美应达到一种更为高尚的思想境界、精神面貌和道德风尚，这是作为人类道德文明的个体内化，是和时代相呼应的。心灵美是形于外而存于中的，当今社会是一个日新月异的文明快速发展社会，面对纷繁复杂的多元文化，人们对心灵美的追求很容易陷入异化。为此，以一种更为科学和系统的价值观念对人们的真善美进行引导和疏解就显得非常迫切。2020年10月，中共中央办公厅、国务院办公厅印发《关于全面加强和改进新时代学校美育工作的意见》。这个重要文件对标习近平总书记重要讲话和全国教育大会精神，从构建人类命运共同体的视角，对全国学校美育工作进行了再认识、再深化和再建构，凸显了美育的关键性价值引领功能。弘扬中华美育精神，塑造美好心灵，其中一个重要方面就是把塑造心灵美放在首位。当前，要塑造好大学生的心灵之美，关键就在于以社会主义核心价值观为指导，把对家国民族之爱融入个人道德行为之中，在人我和谐中达到心灵道德的美之呈现。

　　心灵美美在和谐，即心灵秩序的稳定与平衡，具体表现为内部和谐、外部和谐的均衡发展。内外和谐是指心灵秩序适应社会伦理环境秩序。内在的心灵因子、伦理情愫运转正常，也就是对社会文明、国家秩序和公序良俗等具有较强认同感。这需要以社会主义核心价值观的道德内核为基础，达到人在心灵上与"思想的社会关系"的同步升华。社会存在决定社会意识，社会意识反作用于社会存在，二者在交互作用中由均衡到不均衡，再到新的均衡以达到螺旋式发展。具体来说，就是把爱国、民主与诚信、友善相统一，在法治、富强中保证自由、公平，使人内心的自尊、自信、自爱、自强等精神发挥作用，形成人我共生的精神共同体。从个人角度来说，心灵温暖，充满阳光，良心纯正是心灵美的直观表现，也是一个人道德美的基础水平呈现。在此基础上，人要更多地和社会形成和谐的正向互动，善于构建友好的人际关系，形成苦乐共担、休戚与共的精神共同体。这是对心灵美更高一层的要求，旨在重塑价值观念，呵护纯洁心灵。人所以为人者，在于精神，在于境界。境界是对象对人的意义与价值，以及人对此的领悟。以公心塑价值之美，呵护纯然的同情之心、怜悯之心、助人之心，自然且纯然地悦纳价值观念上的社会关系，强化命运共同体意识，才能达到传统文化的"仁义礼智信"的境界，形成社会同心同德的良好心灵之美氛围。

深藏功与名的老英雄
——张富清

张富清，1924年12月出生于陕西省汉中市洋县，1948年3月参加中国人民解放军，1948年8月加入中国共产党。张富清是原西北野战军359旅718团2营6连战士，在解放战争的枪林弹雨中九死一生炸掉敌人四个碉堡，先后荣立一等功三次、二等功一次，被西北野战军记"特等功"，两次获得"战斗英雄"荣誉称号。1955年，张富清退役转业，主动选择到湖北省最偏远的来凤县工作，为落实国家政策，曾身先士卒让妻子主动下岗，为贫困山区奉献一生。60多年来，张富清刻意尘封功绩，连儿女也不知情。2018年年底，在退役军人信息采集中，张富清的事迹被发现，这段英雄往事重现在人们面前。

习近平总书记号召以张富清同志为榜样，"学习他淡泊名利、甘于奉献、甘守清贫，为退伍军人做出了很好的榜样"。这既是对张富清精神的高度评价，也是对党员干部和广大人民群众的勉励和要求。

点评：张富清老人是一个具有坚定信念与情怀的人，他以淡泊名利、无私奉献、默默无闻、安贫乐道的人生境界和高尚品格，拓展了生命的经纬度，是对党性的诠释，是引领社会风尚的正能量，也向世人充分展现了一名共产党员心灵美的丰富内涵。

在张富清老人的身上，我们能清晰地看到老一辈革命家甘于奉献的崇高精神。他怀着对祖国的满腔热血、对理想信念的坚守、对事业的无限热爱。他的无私胸怀和奉献精神是对党性的诠释，是引领社会风尚的正能量。

伟大的时代呼唤伟大的品质，伟大的事业需要精神的引领。作为新时代的大学生，我们要学习和弘扬张富清老一辈革命家的精神，把淡泊名利、乐于奉献转化为自己的信念和动力，并将之深刻融入自觉行动和言谈举止之中，争做不务空名的行动者和兢兢业业的奉献者；牢记初心、砥砺前行，把自己的梦想融入实现中国梦波澜壮阔的奋斗之中，书写无愧于时代的人生精彩画卷。

最美乡村教师——张桂梅

张桂梅，女，满族，1957年6月出生，中共党员，云南省丽江华坪女子高级中学党支部书记、校长，华坪县儿童福利院院长。张桂梅同志坚守教育报国初心，牢记立德树人使命，扎根贫困地区40多年，立志用教育扶贫斩断贫困代际传递，建成全国第一所全免费女子高中，让1600余名贫困山区女学生圆梦大学，托举起当地群众决战决胜脱贫攻坚的信心和希望。

她创办免费女子高中，帮助数千名山区女孩改变命运。她坚决贯彻党的教育方针，将坚定的理想信念融入办学体系，用红色教育为师生铸魂塑形。为了不让一名女孩因贫困失学，坚持家访11年，遍访贫困家庭1300多户，行程十余万公里。她不遗余力践行着"只要我还有一口气，就要站在讲台上"的诺言，用实际行动铺就贫困学子用知识改变命运的圆梦之路。多年来她一直住在学生宿舍，和孩子们吃住在一起，陪伴学生学习生活。

张桂梅同志执着奋斗、无私奉献，心怀大我，对自己近乎苛刻的节俭，却把工资、奖金和社会各界捐款共计100多万元全部投入贫困山区教育中。长期义务兼任华坪福利院院长，多方奔走筹集善款，20年来含辛茹苦养育136名孤儿，被孩子们亲切称呼为"妈妈"。她把全部身心献给了祖国西南贫困山区的教育和福利事业，在她身上充分体现了人民教师以德施教的仁爱之心和至善至美的师者大爱。

从寸寸青丝到点点白发，张桂梅始终坚守在祖国西南边陲的教师岗位上，毅然投身深度贫困山区教育扶贫主战场，用持之以恒的无私奉献，帮助乡村女孩走出大山，去追逐属于自己的梦想。

张桂梅用爱心铺设了一条让贫困山区家庭和少数民族女孩走出贫困的路，也带领华坪女高学生探索出一条传承红色基因、用爱心培育新人的道路，也闪耀着心灵美的光辉。张桂梅身上的精神，如同一盏灯，照亮了贫困山区孩子们的内心世界，如同一团火，温暖了孩子们的心灵；如同一颗星，引领孩子们健康成长。

"爱心厨房"延续烟火18年
——万佐成、熊庚香夫妇

在江西省肿瘤医院旁的学院路上有家"爱心厨房",住院的癌症患者及家属自备食材、炒一个菜缴费一元,就能吃上家里的热饭热菜。这个被大家亲切地称呼为"抗癌厨房""爱心厨房"的地方的主人是万佐成、熊庚香夫妇,从2003年成立的这个"爱心厨房"温暖了整个南昌城。

2003年,万佐成、熊庚香夫妇在江西省肿瘤医院附近的石泉村开设了一个早点摊,卖油条、麻圆等食物,附近医院的患者家属也时常光顾摊位。不久后,有病人家属来询问夫妻俩是否可以借用炉子烧点菜,开始时只有2位家属借炉子做菜,后来一传十,十传百,一下子就在病房里传开了,说万佐成夫妇这里可以炒菜,于是有越来越多的人来借炉子用。煤炉从起初的四五个增加到20多个,狭窄的巷子里最多时能有200人在"厨房"做菜。在过去的18年间,他们每年都要接待上万名患者家属。万佐成夫妇说,让病人吃好,家属的遗憾就会少一些。厨房虽然简陋,但只要有这么一个地方在,就能让病人及其家属感觉还有一个家。

万佐成夫妇的善举也得到了社会各界的关注,一些青年志愿者经常过来协助万佐成和熊庚香夫妇接待前来借用灶具的病患家属,帮助病患家属洗菜、切菜等。

万佐成、熊庚香夫妇是南昌的普通市民,和中国大多数市民一样,日出而作,日落而息,过着平凡的日子。然而,当他们发现一个再普通不过的小小炉火,对于他乡求医的人竟如此珍贵,他们没有犹豫,而是做出了一个持久而伟大的决定。这种为大家而舍小我的无私奉献精神,可歌可泣,是新时代心灵美的典型表现。我们每个人的生活都是平凡的,但是我们的道德可以是高尚的,精神可以是高贵的,面对别人的需要,我们的选择可以是伟大的。

美的视窗

话题探讨

关于心灵美，中国当代作家秦牧说："外表美的缺陷可以用内心美来弥补，而心灵的卑劣却不是外表美可以抵消的。"那么作为新时代的大学生，从你们的角度出发，你们认为人应该拥有什么样的品质才算具有心灵美呢？请大家以小组为单位进行讨论。

拓展阅读

李丽，女，1962年出生，湖南衡阳人，1岁患小儿麻痹症，童年从未站起来过；40岁时再遭厄运，车祸让她下半身完全瘫痪，从此与轮椅为伴。在多舛的命运里，她不仅没有怨天尤人，还选择了一条向社会传播爱心的道路。她创办了"李丽家庭教育工作室"和公益网站"丽爱天空"，长期从事公益事业和青少年心理教育工作，先后义务深入省内外100多个学校、企业、社区、监狱开办家庭教育和心理健康教育系列讲座，听众达10万余人次；帮助近百名厌学孩子重返校园、数十名中学生戒除网瘾，为近万名学生树立自信。4年多时间里，她的善行使得20多万人获得心灵的洗礼。她还成了很多服刑人员的"偶像"，被人们誉为"感恩天使""湖南的张海迪""中国的海伦·凯勒"。

2007年，感动中国组委会授予李丽的颁奖词这样写道：残疾打不垮、贫困磨不坏、灾难撞不倒，坚强和她的生命一起成长。身体被命运抛弃，心灵却唱出强者的歌。五年时间，温暖八万个冰冷的心灵，接受、回报、延伸，她用轮椅为爱心画出最美的轨迹。

同学们，在人生的道路上，我们会遇到很多困难险阻，当我们身处逆境时，一定要有重头再来的勇气。相信如果自己足够努力、足够优秀，一定能迎来生活的曙光，然后去回馈社会。涅槃重生的你会觉得这个世界尤其美好！

寻找身边最美的人主题实践活动

　　人性的善恶美丑在一定条件下是可以相互转化的，人的良好性格也是可以塑造的。一个人成长所经受的磨难历练、环境熏陶，对其性格和品格的形成有很大影响。生理、家庭、社会、自然、教育等因素，都在一个人的性格形成和发展过程中发挥着重要作用。通过组织学生开展"美的行为　美的心灵"之寻找身边最美的人主题实践活动，探究体验影响性格形成与发展的因素，寻找培养良好性格的方法，进而教育引导学生成为一个具有美好心灵的人。

1. 活动目的　为进一步加强学校的美育工作，促使学生形成正确的审美观，引导青年健康成长、奋发进取、有所作为，培养学生成为不负时代、不负韶华，不负党和人民殷切期望的新青年。

2. 活动主题　"美的行为　美的心灵"

3. 活动对象　大学二年级学生

4. 活动地点　校内外

5. 活动内容　（1）采访寻找身边最美的人

　第一阶段：宣传发动阶段。通过校园网、公众号等方式，向学生宣传"美的行为　美的心灵"之寻找身边最美的人这一主题实践活动，鼓励学生积极参与。

　第二阶段：寻找发现阶段。发动广大师生，寻找身边最美的人，他们可以是教师、学生、厨师、宿管阿姨、快递小哥等各种身份的人，确定采访人选。

　第三阶段：推广体验阶段。通过校园网、微信客户端、短视频平台等新媒体手段，以文章、短视频的方式推广被采访人的事迹，并邀请他们开展讲座，让学生现场感受他们美的行为、美的心灵，呼吁大学生向他们学习，做一个具有心灵美的人。

　（2）观看电影

　组织观看公益性宣传片、爱国主义教育片等电影，如《秀美人生》《长津湖》《我和我的祖国》等。

6. 准备工作　（1）确定采访人选，收集采访人的详细资料，制定采访方案和提纲，撰写采访稿件。准备开展讲座的各种事宜，组织学生聆听。

　（2）筛选一部分优质电影，组织学生观看。

7. 最后成果　（1）读本。将采访人的事例以及学生的心得体会进行整理，形成文字稿，编成读本。

（2）视频。将采访人的视频片段以及采访学生心得体会的视频片段剪辑整理，制作成完整的视频。

8. **活动要求**　以小组为单位，对活动内容进行讨论、交流，具体要求如下：

（1）每个小组派一位代表以PPT的形式上台汇报。

（2）每名成员撰写不少于500字的心得体会。

礼乐美

专题三

美的导航

孔子修撰、治学、教习礼乐之道，从日常伦理生活进行思考和实践，从万物生长、日月星辰按秩序运行去认识乐、律、歌舞的仪式功能，从国家、民族、人生去考量和担当。孔子对礼乐日常生活伦理的审美哲思和实践，可归纳概括为四个方面：一是礼乐教化，始于人文饮食情怀，比如孔子用餐行祭礼，以示感恩天地养育之情；二是衣冠端正，神色齐而辞令顺，即衣冠体态端正，神色表情恰当，言语辞令合宜，从而成为符合礼仪传统的"文质彬彬"之君子；三是有教无类，育人情怀高远，孔子得天下"弟子三千"而育之的责任感、使命感和愉悦感令人敬佩；四是乐山乐水，倾情绿水青山的自然生活，孔子经常带领弟子徜徉于山水之间，丝竹弦歌，抒情言志，用《大乐》《侈乐》《适音》《古乐》的音乐主题论证"乐不可废"的天常大道，用礼乐艺术精神展现诗性的生活智慧。

吴道子《先师孔子行教像》拓片

一、礼乐美的内涵特征与审美功能

（一）礼乐美的内涵特征

"礼者，天地之序也"。礼，是一切美好事物的相处方式，是中华民族立人、立事、立国之本，是民族团结、社会安宁、和谐万邦的思想根基。2022年，系列微电影《国风遇见冬奥》推出，"翩若惊鸿，婉若游龙"的曼妙舞姿，将汉唐舞蹈与花样滑冰、甲胄与冰壶运动、古琴与滑雪运动分别结合在一起，成功吸引了国内外2.2亿网友的点击观看，国风和冰雪运动的"梦幻联动"展现了中华传统礼乐文化之深厚以及东方审美对竞技体育的理解：贵和礼让，刚劲有为。礼的本质是"序"，即秩序、治理、管控、中正、素养；礼的形式表现为仪程、仪式、仪节、次序、别异、礼器、礼品等；礼的审美特征在于差异之美、规则之美、伦理之美、端庄之美、静穆之美等。

"乐者，天地之和也"。礼在远古的时候是综合体艺术，是指以歌、乐、舞三位一体样态的整体艺术存在，包含多种艺术类别，没有时间与空间、视觉与听觉、造型与语言的划分，并随着历史的发展而逐渐分化出许多艺术门类。乐之本质即和合、和乐、调和、融合等审美意蕴；乐之形式表现为文学、音乐、舞蹈、美术等多样的艺术形式；乐之审美特征在于节奏韵律之美、和谐中庸之美、多样整体之美、仁善道德之美。

"礼"与"乐"二者之间的关系，《礼记·乐记》有很具体的论述："礼节民心，乐和民声""大乐与天地同和，大礼与天地同节。"《礼记·中庸》也有"中也者，天下之大本也。和也者，天下之达道也。致中和，天地位焉，百物育焉。"可见，"礼"与"乐"的最大特点和功能都体现在"和"上，构成了"情与性的生命礼乐""天与象的秩序礼乐""仁与乐的理想礼乐"，即在乐的形式里寻找对世界的认识和表达，用礼的方式沟通天人关系，以礼乐教化来建立理想君子人

格,正如《孝经》所言:"移风易俗,莫善于乐;安上治民,莫善于礼。"礼是仪式化的乐,乐是审美化了的礼,礼借助乐实现横向延伸,纵向渗透,进而扩大礼的传播范围。

概言之,礼乐美的特征,具有秩序仪节、协调融合之伦理美,具有多样多元、整体调和之艺术

"邹鲁礼乐"晋京展演

美,具有修齐治平、移风易俗之教化美,具有敬畏庄肃、净化心灵之升华美。礼乐美的核心价值:一是序,二是和,即以礼之序、乐之和,调整人与天地万物的对立统一关系,使人与天地万物合律和节,使人与己、人与人、人与社会融洽和睦。

(二)礼乐美的审美功能

礼乐美的功能,在于社会的良治久安、族群的文化认同、君子的人格养成、天人的合律和节,是中华民族爱美心理形成和社会文明进步的文化表现。中国古代的礼乐都是通过形式美(如礼器、乐舞、仪仗)和内容美(如进退俯仰、周旋揖让、和合韵致)表现出来的,培养了中华民族爱美的习惯与风尚,形成以审美为主要倾向的文化心理结构和社会文明实践。比如,中秋节的赏月与团圆庆贺礼仪主题,让自然与人伦传统得到强化;重阳节敬老祈祷的礼仪传统,成为关爱老人的当代文明共识;清明节通过虔诚的祭拜礼仪,以感恩先人先烈的方式传承家国情怀;每年立春的打春牛仪式,寄寓着歌颂春天到来,大地回绿,农人春耕并举行春祭祈求风调雨顺,唤醒大地的时间主题。乐和,故百物皆化;礼序,故群物皆别,礼乐相济的教育为中华民族播下了理性的种子,并产生了深远的历史影响。中国自古以来对美的追求,对艺术修养的重视,对人生艺术化的向往以及建筑、园林、戏剧、文学、书画等艺术的民族风格的形成,都与礼乐文化息息相关。中华民族是一个情感丰富而又高扬理性精神的民族,它创造了宏赡而绚丽的艺术,表现出一种情趣高尚、情理融合的艺术精神,它从不把艺术视为纯粹满足感官欲望和情感发泄的手段,而是把艺术与人的德性、智慧的培养紧密地结合在一起,使艺术成为人生乐趣,成为美好理想的源泉。礼乐审美文化的基因,一直在中华民族大家庭中传承不息,持续发挥着安民强国、尊礼守法的重要功能。

二、礼乐美的基本价值与民族精神

（一）礼乐美的基本价值

传统礼乐制度将人们赖以生活的多种复杂关系以礼宜礼序、乐同乐和的艺术美规范起来，用礼乐美学精神延展的价值观念使思想统一起来，让乐同、乐和、礼宜、礼序的和谐超然神韵成为人认知世界的品位和境界，以修齐治平的礼乐美学睿智通向雅化生活和崇高情怀的广远视野，以凝聚民族情感和维系国家统一为基础，树立正确的祖国观、民族观、文化观和历史观，以社会主义核心价值观为引领，厚植崇礼尚德、多彩和谐的人类命运共同体的社会良治基础。礼乐思想和美育观念是系统的，形成了作为一个思想体系的基本价值观：一是"人文化成"的美育观，即人的道德和理智都是从诗书礼乐教育中得到的，而道德教育和知识教育是离不开艺术教育的，也就是礼乐相济的"人文化成"美育。二是"以礼节情"的理性观，即礼者为理性，乐者为感性，礼乐相济的教育方式，把感性与理性互补统一起来，使礼乐活动向善求真。三是"阳刚之美"的人格观，即儒家推崇阳刚之美的风格，这种审美风格与其所推崇的"天行健，君子以自强不息"的人格精神是一致的。四是"美善相乐"的自由观，即追求人格独立、"天人合一""美善相乐"的以美为基础具有超越性质的自由精神境界。五是"通情达礼"的情礼观，即以礼达情、以礼节情，通过礼来抒发人的情感，通过礼来节制情感的放纵无度。通情达理作为中华礼乐文明的基本价值在当代的重要启示意义在于："本乎性情"的人本观，"立乎情理"的理性观，"存敬有畏"的敬畏观。可以说，这一基本价值对当代人精神世界与社会生活的引领是多元而深远的。

舞剧《孔子》——执羽祭孔

（二）礼乐美的民族精神

礼乐文化是中华民族人文精神形成的历史源头，是中华民族性格形成的文化原型，对民族的心灵素质、德性、人格的塑造，对中华"礼仪之邦"和文明风尚的形成，都起着原创性的作用。中华民族自古以来讲仁义、行礼让、修睦邻，"四海之内皆兄弟"。礼乐教化使中华儿女很早就懂得天地是养育自己的父母，自然万物是自己的朋友，从而形成"爱人及物""民胞物与""天人合一"等生态伦理之美德。礼乐文化的生命基因是中华民族精神流传不息的根本：刚健奋进，自强不息；宽宏博大，厚德载物；酷爱自由，勇于奋斗；勤劳勇敢，质朴简约；正道直行，崇德尚义；天道为末，人事为本；民贵君轻，民为邦本；革故鼎新，改革变法；天人合一，协和万邦等。这些历史传承的民族精神价值取向，在儒文化礼乐美的光照下，直至今日，对新时代的文化强国建设，对社会主义核心价值观的涵养，仍具有丰富的启迪和借鉴意义。

一 礼乐美的产生与演变

（一）礼乐美的产生

"礼"与"乐"是中华民族的元典性基因文化，其文献的典范之作当属"三礼"——《仪礼》《周礼》《礼记》，其中荟萃了自先秦以来影响深远的完整的国家礼仪体系，即吉、凶、宾、军、嘉"五礼"并存的礼仪、礼节、礼乐、礼器规范。吉礼主要是祭祀典礼，宾礼主要是接待宾客的礼节，军礼是军中礼仪，嘉礼主要是指婚冠节庆活动的礼仪，凶礼是与凶丧、灾荒有关的礼仪。温故而知新，敦厚以崇礼，传统的礼乐文化形态丰富完整，是我国宝贵的历史文化遗产。《礼记·中庸》中记载"仲尼祖述尧舜，宪章文武"，即孔子主张后世的统治者都应当遵循尧、舜之道，效法周文王、周武王礼乐之治。以孔子为代表的儒家学派所倡导的文化就是以先贤的"礼"与"乐"为理论基础的"礼乐文化"。通过对古代礼乐美的历史考察，我们可以得出这样的结论：传说中的五帝之乐是可信的，尽管多是传说，"伏羲作琴作瑟""女娲作笙作簧""尧修黄帝乐为《咸池》""舜作箫"等，曲折地反映了某种传说追记下来的历史真实。夏商周三代实施乐教已是信史，到了西周时代，礼乐教化是政治、道德、宗教、审美的综合形态，既是国家社会制度，为社会物质文明和精神文化的进一步发展创造了条件，又是君子道德规范和心灵升华的人格依据，还是教育的重要科目和审美活动。礼乐制度虽至春秋战国时代"礼崩乐坏"，但主要是政治制度层面的崩坏，礼乐文化则在社会的不断变革和碰撞重构中流传千古，展现了中华礼乐历久弥新、内核永恒的特点。

（二）礼乐美的演变

《吕氏春秋·古乐》文本中列古之帝王（朱襄氏、葛天氏、陶唐氏以及黄帝以下历代帝王）祈祀山川百野要"命乐师"整备乐器和歌舞道具，为"定群生""克郁滞"的纪事，是历代圣王乐事的逻辑起点。从古代的青铜器成为权力财富的象征和审美表达，到殷墟甲骨文用于占卜记事的礼乐、巫史萌芽传统，体现了对称、稳定、节奏、韵致、疏密、序次的礼乐思想格局，尤其历史长河中形成的神话、寓言、诗赋、舞蹈等艺术形式，都与中华礼乐构成永恒的基因传承关系。礼乐文化与儒学存在着天然联系，礼乐文化的原创性教育实践和综合艺术教育形式，因儒学的阐释而得到弘扬。这些礼乐思想包含着中国古代哲学、美学、艺术、伦理、心理、教育等学术思想的萌芽，成为春秋战国时代诸子百家的思想先导。儒家礼乐观的外向张力非常强，既催生了中华艺术审美文化，也为中国几千年的文明发展和学术繁荣作出了贡献，并将一如既往地影响着中华民族的社会进程，特别是现代人们的价值判断、思维方式、思想行为和审美生活境界。

青铜器《何尊》（西周）（尊内底所铸铭文中的"宅兹中国"为"中国"一词最早的文字记载）

拓展延伸

二 礼乐美的当代意义与文化空间

（一）礼乐美的当代意义

在古今中外的文化激荡中，传统礼仪伦理在当代更新转化，传统礼乐文化的当代实践，是新时代精神文明建设和立德树人美育工作的重要内容。天地人三才，自然与人类社会，既有序又和谐，这是礼乐文化追求的理想境界。我们要实现中华民族的伟大复兴，离不开文化的强大。在传统文化的基础上，融合现代科学精神和社会人文精神，形成一个更加兼容与阔达的人文世界，重建现代文明精神，也许礼乐文化恰恰能为我们提供这样的道德社会的理想蓝本。首先，礼乐文化追求"大道之行也，天下为公，选贤与能，讲信修睦"，这种天下一家的命运共同体价值观是人类社会孜孜以求的理想社会状态，礼乐精神影响下的这种社会终极价值观与君子个体人格的理想状态追求，在今天依然有着澎湃的生命力和明显的积极意义。比如我们看到日常举办的家庭性小儿满月礼、周岁礼，还有少年礼、成人礼、婚丧礼等，是生命个体经过仪式洗礼的社会化过程，也是个人在生命历程的重要时间节点上对人类共同命运和谐与共的理想状态的追求。其次，今天的人们同样作为自然人，有着自身的情感发端，需要有对性情进行疏导与调节

甘肃高三学生参加成人礼，抛起"成人帽"，宣告成年

的制度方式，如果我们能用儒家礼乐文化中的"礼"规范我们的行为，找到与当代文明相契合的方式，与天地万物相协同，达到"乐"的境界，这才是礼乐文化对今天最为重要的意义。《诗经》中有"周虽旧邦，其命维新。"礼乐文化在不同的时代都焕发着不同的生命力，对于今天的我们而言，同样需要我们用继承与创新的精神，汲取礼乐文化中与现代精神相契合的部分，使之与当代社会相适应，重新焕发新的活力，让我们不仅有根，更有当下与未来。春节回家团圆，敬拜长辈，强化家庭伦理与情感传统，邻里互访道福，促进和谐友好的人际关系，正是传统礼乐文化在当代社会的强大生命力和正能量的表现。

（二）礼乐美的文化空间

随着社会的变革和传统的回归，礼乐美的文化空间在不断地变迁和拓展。从文明交流互鉴的层面，中华礼乐展现了在世界文明大版图中独特而丰富的演进历程，使人类可以找回心灵和精神家园，重建传统与现代的统一，创造物质文明和精神文明的新境界。从国家的层面，有外交外事、重大庆典、重大公祭、仪仗升旗、三军检阅、授旗授勋等代表国家意志的高规格、法定化礼乐活动。2021年中国共产党成立100周年庆典的盛大庄严，2022年北京冬奥会和残奥会开幕式与闭幕式的简约、灵动与唯美，都充分体现了仪式感、庄重感，对于构建现代国家文明形象具有重大价值与特别意义。从民间的层面来看，婚丧嫁娶、开业乔迁、寻根祭祖、节俗庙会等活动，都具有生活化、民俗化的传统礼俗性。从个人的层面来看，可以传承礼乐精神在人格道德上主张人人平等、正己正人、立己立人、达己达人的思想观念，通过提升道德修养来调整人际关系，提高思想素质，达到"内圣"的心灵性道德审美体验效应，焕发其在现代社会生活中的启发性和生命力。

美的欣赏

礼乐重器
——曾侯乙编钟文化的中国气骨和中国睿智

青铜器《曾侯乙编钟》（战国）

（一）礼器巍峨礼乐庄严之气骨美

我国考古工作者在曾国故都，即今天的湖北省随州市郊外偶然发现了一座战国早期的随国国君墓葬，考古人员从中挖掘出了多达65件、重达2 567千克的大大小小的精美绝伦的青铜铸器编钟，它们整整齐齐地挂在木质钟架上，庄严恢宏，气势巍峨。这就是曾侯乙墓出土的迄今发现保存最好、数量最多、音律最全、轩悬最美、场景最真、礼仪最高、震撼世界的曾侯乙编钟。

编钟的截面并不是普通的正圆形，而是像两片瓦合在了一起，形成了扁圆形的、边角有棱的截面，这种扁圆形的截面会让声音的衰减速度变得比较快，从而形成有效的音阶、音调，进而形成恢宏厚重的音乐旋律，因此成为古代音乐伴奏的重要礼器之一。整个编钟的发声原理主要是：钟体大，音调就低，音量也大；钟体小，音调就高，音量也小。当把这些钟按照不同的大小进行有规律地排列，并悬挂在钟架上之后，就形成了合律合奏的音阶排列和庄严的礼乐典制，呈现出天地大道之美，形成圆润、浑厚、纯净、丰满的典雅纯正、和谐庄重的"中和"

之音。曾侯乙编钟深刻而宏大的文化内涵，寄托着治国安邦的大经大法，正所谓礼之所尊，尊其大义。

（二）文化精妙典故蕴深之和合美

编钟的精妙之处在于镌刻在钟身上的独特铭文和美工。曾侯乙编钟的铭文多达3 755字，分见于钟体、钟架和挂钟构件之上，其中有关音乐的铭文一共有2 800多字，是迄今为止人们所见到的数量最多、体例最完备、内容最丰富、文化蕴涵最深厚的礼乐理论文献。这些铭文穿越了2 400多年的历史时空，以生动、细腻的形式展现了楚风楚韵的无穷魅力，"生动"在于其造型的风格渗透着"楚风"的灵动，丰富的笔画体现出楚国文化艺术的灿烂；"细腻"则体现在铭文内容的蓄德圆神和妙思妙构，其中包含了当时的音乐理念、音乐文化尤其是乐律理论，详细记录了当时曾国与楚、晋、齐、周等国乐律之间的关系，彰显多样化文化元素构成的高度礼乐文明和对中华民族共同体的认同。

曾侯乙编钟在历史的传承与文化的变迁中，衍生出了一系列内涵丰富的典故。相传战国初期，楚惠王在接连吞并数个小国之后，唯留北面的曾国独存，曾国国君曾侯乙出身高贵，精通礼乐，兴趣广泛，善于外交。面对足智多谋的曾侯乙，楚惠王一时难以定夺，随后以赠送青铜和讨教编钟为由来打探曾侯乙的真实想法。其间，曾侯乙告知楚惠王所赠青铜并未制"剑"御敌，而是造钟做"乐"，随之邀请楚惠王一同欣赏编钟"一钟双音"的特色，以此来暗指战乱之时两国之间应和谐相处、共取所长，方可一同奏响和谐共存、美丽盛世之篇章。这个故事虽然简短，但却蕴含着深刻的哲理，曾侯乙的弃"武"从"乐"体现了不尚武力、热爱和平的思想，编钟的"一钟双音"更突显出和谐、合作、共赢的理念，集中展现了中华和合文化的精神，对我们今天仍有重要的启示。

（三）一钟双音多钟共鸣之睿智美

胡艺华先生在其著作《基于理论自觉的深问题与浅思考》中有这样的描述：编钟作为中国本土的大型打击类乐器，既具有打击乐的共性也具有自身的特性。其共性在于发声原理都是通过敲击振动而产生，特性则表现为"一钟双音"，即通过击打一个钟体从而产生两种不同乐音，二者互不干扰，交相呼应从而拓展和丰富了演奏的观赏性及音乐性。在编钟的独奏中，通过聆听其敲出的双音就能够直观地感受到它的"合而不同"之美，而当其演奏和弦进行时，则体现了音与音之间的配合、互助、和谐之美。曾侯乙编钟就是由65件具有如此特性而又形态各异的单钟组合而成，共有八组，分上、中、下三层悬挂，在演奏时能够产

古人演奏场景示意图

生"多钟共鸣"的效应,从而形成极为广阔的音域。正是因为有如此良好的音乐性能,编钟才能够演奏古今中外不同风格而又包罗万象的乐曲。自编钟1978年从湖北随县出土以来,曾被大规模公开演奏敲响过三次,分别是在1978年的建军节、1984年新中国成立35周年为各国驻华大使的演奏及1997年庆祝香港回归的庆典之时。纵观这三次的演奏曲目,有经典红歌《东方红》、古曲《楚殇》、外国名曲《一路平安》、共产主义主题歌曲《国际歌》、大型交响乐《天、地、人》等,其风格跨度之阔大、时代相隔之久远、包含内容之全面、与时俱进之生命力、进步创新之智慧,足以证实了编钟强大的包容性和表现张力。

从某种意义上讲,编钟"一钟双音""多钟共鸣"的演奏意蕴,与当代中国的发展理念高度契合,在经济全球化的背景下,世界各国竞相快速发展、竞争日趋激烈、矛盾不断凸显,而中国却始终恪守和平、发展、合作、共赢的理念,尤其在加快推进"一带一路"倡议建设进程中,更体现出包容、互助、共赢、和谐的文化精髓。编钟的每一个乐音就好比一个国家,一钟能容下双音并合成动听的旋律,彰显的就是包容、互补、协同、共鸣的内在机理,这一点与我们立足新时代、面向全世界倡议推进"一带一路"建设、构建人类命运共同体,在哲学层面上是内在相通的,这昭示着国与国之间只有像编钟艺术一样,"一钟双音"合而不同,"多钟共鸣"相互促进,才能合奏出人类可持续发展的时代序曲。由此可见,编钟作为一种具有中国风格、中国气派的庞大礼乐器,蕴含着引领时代、引领世界的先进价值理念,通过其雄浑悠长、质朴厚重、气势磅礴、荡气回肠的演奏，能够直观、生动、形象地展现博大精深的中华优秀传统文化所特有的历史神韵和文明智慧，使我们心心念念、引以为豪的文化自信从"平面化"的理论形态转向"立体化"的艺术形态，从枯燥乏味的语言文字表述转向美轮美奂的精彩音乐演绎，从而以更高的效率，并在更广的范围进行传递、传播、传承。

美的视窗

话题探讨

中国春节历史悠长。泱泱中华，巍巍礼仪；谦谦君子，揖让作礼，拱手礼、叉手礼、万福礼……，举手投足，都是中国礼乐之雅和，可以得情理、化民俗、成教化、修身心。作为岁首，其间拜年、祭祖、逛庙会、接财神。主客相见，说过"新禧纳福"之后，便要围坐宴饮，闲话家常，此时各种美味佳肴自不可少，餐桌礼仪更是"十里不同俗"，各美其美，美美与共。有人主张人人平等，自由围坐，淡化主次；有人主张分别高下，长幼有序，尊卑有别。有人主张文明聚餐，节俭戒奢，筷分公私；有人主张亲密无间，热情排场，相好难分。对于这些观点，你是怎么认识的？并请讨论在新时代，我们应该如何多元融合，创造发展，创新传承，使传统礼乐文化焕发新的生命力和更加夺目的光彩？

拓展阅读

从远古到西周，礼乐逐渐发展为社会政治制度、道德规范，同时成为教化万民的方式。儒家在肯定情感为礼乐的生命同时也以天道与物象强调秩序与等差，用仁与乐的方式构建礼乐文化的理想形态，二者相生相成，使人类生活之形式与生生和谐之天道相呼应。礼乐文化的本质在于生命关怀与秩序要求的融合，是中华文化的根基，汲取礼乐文化中与现代精神相契合的部分，使之与当代社会相适应。

——王冠《论儒家礼乐文化的形成与构建及对当下的意义》

请思考传统礼乐如何成为中华民族的身份认同？礼乐美如何表明中华文明的精神内涵？

美的体验

惊艳世界的2022年北京冬奥会开幕式共鸣共情观演体验

1. 体验主题： 冬奥会开幕式如何运用独特的中国礼乐美学

2. 体验方式： IP数字沉浸式互动视频

3. 体验过程：

（1）比较鉴赏：线上观看《2022年北京冬奥会开幕式》，并链接《2008年北京奥运会开幕式》，比较有何突破和创新？从展现的中国人民自信自强的时代风貌和2008年"同一个世界，同一个梦想"、2022年"一起向未来"的世界意义，为何能成为照亮未来的永恒之光？

（2）场景沉浸：2022年2月4日北京第二十四届冬奥会开幕式，恰逢中国农历二十四节气中的第一个节气"立春"。20时，开幕式以中国传统历法的时光轮转作为倒计时开场,从24倒数,冬去春来,四季更替。诗意的昂然,创意的浪漫,再配上一首首中国古典诗篇,一重又一重的意境,汇成中国元素的"中国式浪漫"和世界人民都看得懂的美好:"春雨惊春清谷天,夏满芒夏暑相连。秋处露秋寒霜降,冬雪雪冬小大寒"。两千多年前,中国人通过观天时万物总结的二十四节气,蕴含了中国人传统的劳动智慧和生命哲学,以此倒计时,正是中国人的浪漫与诗意所在,尽显中华文化底蕴。请你把开幕场景切换到"主火炬点火仪式",沉浸体验"大雪花"由各参赛国的"小雪花"组成,寓意全世界团结向未来的美好愿景和微火虽微生生不息、火炬虽小格局够大的"低碳环保理念"。

(3)思维拓展:一场简约而又精彩、浪漫而又空灵的北京冬奥会开幕式惊艳了全世界。外国运动员自发拍下动人场面分享在社交平台,国内外媒体纷纷点赞,各国网友针对开幕式中的"主火炬点火仪式""中国农历二十四节气倒计时开场式""冰墩墩、雪容融吉祥纪念物""冰雪五环破冰而出"等历史性时刻的视觉盛宴而展开热议。请你展开思维:① 开幕式中的视觉亮点展示了怎样的中国美学、中国情怀? ② 开幕式设计者的巧思和科技的加持向世界展现了中国当下怎样的价值观念、精神标识、文化活力? ③ 开幕式的艺科融合、简约而不简单的表达方式对类似大型文化活动有何启示意义? ④ 开幕式仪节如何构成了中国礼乐文化的内神外形?

中国春节礼乐国风潮节目沉浸体验

1. 体验主题: 春节国风潮节目蕴含的思想智慧

2. 体验方式: 赏析春节国风节目

3. 体验过程:

(1)比较鉴赏:线上欣赏2022年春节春晚节目《只此青绿》,回看2021年春节《唐宫夜宴》节目,比较作品对传统文化思想灵魂和艺术表达的延续脉络。

(2)场景沉浸:北宋王希孟的《千里江山图》被演绎为创意音舞节目《只此青绿》,节目化人为山,以山做人,舞在画中,画在舞中,绿山青山化为曼妙的舞者,层峦叠嶂是高高的发髻与轻盈的身姿;行者、樵夫、渔夫怡然自得,垂钓、担柴、行旅与吟诵之中都透露着诗意与仙气。这种别样的"沉浸式"赏画体验,使观众体认到了古人与自然对话的诗意栖居、"人与自然是生命共同体""人同天地和谐共生"的中华美学韵味。请你体验对传统文化富有沉浸感的技术性当代表达。

(3)思维拓展:春节国风潮节目争奇斗艳。河南卫视2022年的"新春奇妙游",推出歌舞《神州门神》、少儿舞蹈《黄河泥娃》、舞蹈《国色天香》《迎丰年》《巾帼令》《天下安康》,创意太极《下一秒》等节目,从中华优秀传统文化的不同角度切入,直击人心,令人回味无穷;央视2022春晚除了《只此青绿》,还推出了创意音舞诗画《忆江南》、戏曲荟萃节目《生生不息梨园情》、景观太极《行云流水》、武术短剧《乳虎啸春》等,反映出我们的民族自豪感和独特的礼乐文化精神标识。请你拓展思维方式,充分利用信息化手段,以"中华传统礼乐文化"为题目,思考并感悟春节国风潮节目蕴藏的人文精神、世界意义、道德规范和美学价值。

语言美

专题四

美的导航

> 臣诚知不如徐公美。臣之妻私臣，臣之妾畏臣，臣之客欲有求于臣，皆以美于徐公。今齐地方千里，百二十城，宫妇左右莫不私王，朝廷之臣莫不畏王，四境之内莫不有求于王：由此观之，王之蔽甚矣。
>
> ——《战国策·齐策一·邹忌讽齐王纳谏》

在《邹忌讽齐王纳谏》这个故事中，邹忌巧妙地运用生活小事讽劝齐王破除蒙蔽，勇于接受谏言，使得齐国重振国威，迎来四国来朝的局面。邹忌语言的机智在于以自己蒙于妻、妾、客之蔽，喻齐王蒙于宫妇、朝臣、齐人之蔽。取类比喻，类比推理，讽谏的语言亲切自然，动之以情，喻之以理。而且人物语言各具情态，形象鲜明。总体结构上三三推进，排比铺陈，句式整散参差有致，具有收放自如的特点。

古今中外很多著名文学作品，都体现了形象与情感、情趣与哲思、通俗与高雅、睿智与幽默、传承与创新等方面的语言之美。

美的认知

情动于中而形于言,言之不足,故嗟叹之,嗟叹之不足故咏歌之,咏歌之不足,不知手之舞之,足之蹈之也。

——《毛诗序》

语言艺术是以语言为媒介来塑造形象、表达情感的艺术。人们使用语言的方式主要有两种:人的肢体行为和文字,声音、手势及表情都是人肢体行为的体现。

作家高尔基说:"作为一种感人的力量,语言真正的美,产生于言辞的正确、明晰和动听。"文学作品常通过多种表达方式和修辞手法来表现美感。

一、语言美的内涵与特征

语言美,即语言在具体运用过程中所显示的美。一般分为两大类:一是交往过程中的言辞之美,即口语交际的语言准确、鲜明、生动且文雅、谦逊、礼貌;二是语言艺术之美,即文学作品的语言具有表现力、感染力、艺术性且具有独创性的艺术风格之美。

美的语言首先追求准确、鲜明、生动的表达,语言含蓄或直白则是具体语言环境中的不同表现形式。

"准确"指用词贴切、发音准确、概念明确、条理清晰、合乎语法逻辑,能确切表达思想感情和事物特征,表现思维认识的精确性。

"鲜明"指语意明白、态度明朗,不含糊,不模糊,不闪烁其词。

"生动"指语言新鲜、丰富、活泼、形象化、性格化,富有感染力和表现力。

"含蓄"是一种表述委婉、耐人寻味的表达形式。含蓄的语言往往不直陈本意,而用委婉之词加以烘托或暗示,让人思而得之,意在言外,"言有尽而意无穷""不着一字,尽得风流"。

"直白"是语言美的另一种表现,有时它是直抒胸臆,朴素率真,有时它如"清水出芙蓉,天然去雕饰"。"直白"需要技巧,语言直白不等于浅显,而是要简洁明了,围绕中心,不旁生枝节。

二、语言美的表现

(一)语言的形制之美

1. 文字之美

文字是人类用符号记录表达信息的工具,文字的不同体现了国家和民族的书面语言表达的方式和思维不同。

文字按字音和字形,可分为表形文字、表音文字和意音文字。按语音和语素,可分为音素文字、音节文字和语素文字。意音文字是由表义的象形符号和表音的声旁组成的文字,汉字是由表形文字进化成的意音文字,汉字也是语素文字。

有了文字,人类开始进入有历史记录的文明社会,突破了口传身授所受到的时间和空间的限制,把时空的影像变化转码成视觉可见的符号系统,使后人能通过间接的文字想象出画面,学习经验,在书面语的基础上完整地传承人类的智慧和精神财富,使人类能够完善教育体系,从而实现历史和文化的代际传承。

2. 形式之美

语言的形式美是指字句因为独特的排列组合方式而形成的美。在现代汉语中,常见的能提升语言形式美的修辞手法有:倒装、排比、对偶、顶针、回环、反复、叠词等。

"常德德山山有德,长沙沙水水无沙。"是湖南有名的民谣,独特的语言形式之美使这14个字的排列别有一番气势和趣味。

从前有家茶楼叫"天然居",主人请人写联。这人写了一联"客上天然居"便停笔了,主人催下联,这人说不必了,只需把此联倒过来念便行了。念出"居然天上客"时,主人不禁拍案叫绝。

巴尔扎克说:"不幸,是天才的进身之阶,信徒的洗礼之水,能人的无价之宝,弱者的无底之渊。"前三句都是在说不幸是很好的东西,但它换了三种说法,这样虽然意思一样，但字面上就不同了，就在形式上有了变化美。

3. 音韵之美

语言的音韵美主要通过音变（如轻声、儿化）、声调（如平仄）、语调（如停顿、重音）、修辞手法（如对仗）等方式来实现。美的语言讲究平仄格式和押韵规则之美。

语言的韵律，大致包括三个方面的内容：一是平仄，主要是讲究平声和仄声的协调；二是对偶，在韵文特别是格律诗中，对对偶的工巧要求是比较严格的，一般是"句对"，现代文中的对偶也要求成对使用；三是押韵，指同"韵"的字在适当的地方（一般是停顿的地方），有规律地出现。

在语言运用中，平仄、对偶和押韵运用得好，运用得自然，可以使文章音调和谐悦耳，增强音乐感，诵唱顺口呈现韵律美；运用得不好，用得过多过滥，就会给人以生拼硬凑之感，甚至以辞害意。

正确朗读优秀的作品，可以具体学到艺术语言的表达技巧，提高自己运用祖国语言文字的能力。以朱自清的《荷塘月色》的朗读技巧为例："热闹/是/他们的，我/什么/也/没有。"恰当的停顿将作者心里无法排遣的忧愁、置身热闹中依然独自寂寥的心境生动地表现出来。再如，郭沫若在《论节奏》中说："大概先扬后抑的节奏，便沉静我们。先抑后扬的节奏，便鼓舞我们。"他的《凤凰涅槃》就充分体现了诗歌的节奏美。

（二）语言的意象之美

《文心雕龙·神思》中提到："登山则情满于山，观海则意溢于海。"这里说的是客观物象带有主观色彩的表达。所谓意象，就是渗透了人的情感而表现出来的形象，是主观情理和客观形象的融合，是意和象的融合。简言之，意象就是意中之象。人们往往用意象来寄托情感，抒发胸臆。

1. 意象具有丰富的内涵

戴望舒《雨巷》中的"油纸伞"本就具有复古、怀旧、迷蒙的特点，况且在暮春时节，寂寥的雨中，一伞风雨平添了氛围的冷漠凄清，抒情主人公黯然销魂之形态跃然纸上。"雨巷"本就给人以幽深寂静之感，"篱笆墙"又是颓圮的，更加让人感到哀怨凄凉。整首诗蕴含的说不清道不明的忧郁迷蒙都源于"丁香"二字。丁香纤小文弱，清香幽雅。诗人多以此立意，"丁香"因此成了古今诗词人频频使用的意象之一。丁香形状像结，开花在仲春时节，花虽美，但容易凋谢，诗人们对着丁香往往流露出伤春的情绪。丁香花呈白色或紫色，颜色清新淡雅，常常赢得洁身自好的诗人的青睐。在诗中，"丁香一样的姑娘"是一个重要的意象，雨巷、油纸伞、丁香等意象都是为了表现她的形象而服务的。作者以此来寓意一切转瞬即逝的美好事物、美好回忆，明明看到了她，却又无法走近她，理想也如这姑娘一样，像梦一般美，却又像梦一般易逝。

2. 意象蕴含丰富的情感

王维的《送元二使安西》，又称《渭城曲》《阳关三叠》，是一首前无古人后无来者的送别诗。"渭城朝雨浥轻尘，客舍青青柳色新"，送别之情就在一个"柳"字。古往今来，诗人多用"柳"作为送别意象，原因有二：一则"柳"与"留"谐音，表达了送别时依依不舍之情；二则柳树生命力顽强，临别折柳送君有美好祝福之意。古咸阳城里一夜小雨过后，空气清新，街道整洁，驿馆的墙壁湿润青黑，柳树叶子被雨水洗过以后，越发新绿喜人。这是何等明丽的景色，诗人抒写的却是离愁别绪，这也是这首诗的独到之处——以明写暗、以乐写哀。同样以乐景写哀情的还有《诗经》中的《采薇》最后一节："昔我往矣，杨柳依依。今我来思，雨雪霏霏。"

（三）语言的修辞之美

修辞本义就是修饰言论，也就是在语言使用的过程中，利用多种语言手段以收到更好的表达效果的一种语言活动。修辞手法一共有63大类，79小类，常用的主要有比喻、比拟、排比、夸张、设问、反问、对偶等。通过修饰、调整语句，运用特定的表达形式以提升语言的表达效果正是语言的修辞之美。

诗经·关雎

关关雎鸠，在河之洲。窈窕淑女，君子好逑。
参差荇菜，左右流之。窈窕淑女，寤寐求之。
求之不得，寤寐思服。悠哉悠哉，辗转反侧。
参差荇菜，左右采之。窈窕淑女，琴瑟友之。
参差荇菜，左右芼之。窈窕淑女，钟鼓乐之。

作为《诗经》的首篇，《关雎》在中国文学史上占据着特殊的位置。它采用了"赋、比、兴"等多种表现手法，"寤寐求之""辗转反侧"是"赋"的写法，用采摘荇菜来"比"追求姑娘的艰难，用雎鸠鸟关关的叫声起"兴"全文，整首诗情景交融、浑然一体，有很高的艺术成就。

朱自清在《荷塘月色》中用"微风过处，送来缕缕清香，仿佛远处高楼上渺茫的歌声似的"来描写"荷香"，用通感的修辞手法将荷花似有若无的淡淡清香以听觉感受表达出来，多种感官参与的表达效果更加形象生动。

铁凝的《哦，香雪》中结尾写道："古老的群山终于被感动得颤栗了，它发出宽亮低沉的回音，和她们共同欢呼着。""被感动得颤栗"一句拟人又双关，一方面指姑娘们的声音在群山间回荡，另一方面暗指古老的大山终于慢慢被这现代文明唤醒，共同欢呼文明时代的到来，含义丰富。

（四）语言的生活之美

语言美还体现在生活的各个方面，诸如形象与情感、情趣与哲思、通俗与高雅、机智与幽默、传承与创新等。

人常说"良药苦口利于病，忠言逆耳利于行"，但是忠言未必一定要逆耳，良药未必一定要苦口。语言美的现实表现，必须入情入理，给人以情绪上的愉悦感、情感上的满足感、理性上的透彻感。语言既然是人与人之间交流沟通的桥梁，那么实现愉快顺畅的交流和成功高效的沟通，必须讲究语言之美。

相传，唐伯虎为一老妇祝寿，儿女欢天喜地，恭请唐伯虎为之写祝词。唐伯虎也不推辞，提笔写到："这个女人不是人。"一言既出，老妇脸现怒色。又写"九天仙女下凡尘"，妇人立即由怒变喜。再写"儿孙个个都是贼"，儿女皆惊，恨上心头。结语"偷来蟠桃献至亲"一出，众人欢娱。真是一波三折，充满机变，令人叹为观止。"能穿多少穿多少"可以理解为"天气热，尽量少穿衣服"，还可以理解为"天气冷，尽量多穿衣服"，一句话尽显语言的机巧灵活。

语言不讲科学就是撒谎造谣成为诡辩，语言离开道德规范就会中伤、欺骗甚至诬陷他人。矫揉造作、花言巧语掩盖不了虚伪，只能令人生厌；巧言令色、哗众取宠、伪善的面貌需要高度警惕，仔细分辨。晓之以理、动之以情、娓娓道来的语言才打动人心；高谈阔论、滔滔不绝、喋喋不休的语言不但不顾及听众，还有卖弄、琐碎之嫌。善意的微笑是最美的态势语言，但微笑也要分清对象、场合和条件，一不笑天灾，二不笑人祸，三不笑疾病。一个人的语言美体现在既尊重客观，又尊重他人，这也是对自己的尊重。可以说，语言美是人格美、人性美和人情美的重要体现。

语言是沟通交流的工具，是人类传承经验与文明的重要媒介，我们从文字中看到远古先民踽踽走来，从文学作品中听到历史的车轮滚滚向前。汉字的演进和文学的发展向我们展示的是人与人、人与社会、人与自然生生不息的相处模式，我们从中不断发现美、认识美、创造美，以美滋养心灵、陶冶情操。

一 语言的起源与发展

关于语言的起源说法很多，语言的起源与人类社会的发展有着紧密的联系，语言与思维相互促进，生理条件的完善使语言的出现成为可能。人们对于思想交流、情感表达的更高级需求促进了自身语言系统的进一步发展，语言接触与融合的机会越来越多。随着时代的发展，语言也在悄然发生变化，虽然出现了一些新兴的语言形式，但是，传统语言的魅力依然不减。

二 中国书法艺术的起源与发展

汉字自甲骨文发展至今，以其抽象、灵动的笔画带给人们无尽的韵味，无论是金石竹刻，还是墨香书法，乃至今日的排版印刷，汉字的各种形态都可谓思想和艺术的最佳结合体。以汉字为基础的艺术形式，有"无言的诗、无形的舞、无图的画、无声的乐"之称的书法。书法艺术不仅以其独特的线条和韵味给人以美的熏陶，更多表现的是思想内容与艺术形式的和谐统一，是中华优秀传统文化的重要组成部分。

（一）书法艺术的源头

汉字的独特结构，为书法艺术提供了必要的前提，其演变经历了甲骨文、金文、篆书、隶书、草书、楷书、行书等阶段。

甲骨文是我国迄今为止发现的最早成熟文字，多刻于龟甲兽骨之上，产生于殷商中后期，推测为当时王室用于占卜记事之用。甲骨文笔画多为单线条，但其线条严整、劲瘦挺拔、纵行排列、疏密有致的整体形态，已经体现出书法艺术的线条美和造型美，可以说，甲骨文是最早的书法艺术作品。

甲骨文

（二）书法艺术的发展

1. 篆书

从书法艺术的发展来看，广义的篆书可分为大篆和小篆。甲骨文、金文、石鼓文归为"大篆"，小篆就是大篆的简体形式。秦国统一六国，确定了小篆的正体地位，后世提到的篆书一般指的就是小篆。

篆书的基本笔画只有点、直、弧，结构字形方长、体正势圆，一般讲究两条弧线或者直画，左右基本对称，笔画布局整齐、均衡，且笔画之间主次分明，收放相宜，整体字形和谐流畅。如《泰山刻石》，其字体笔画体态修长、结构匀称、疏密有度、内敛含蓄，是秦代书法艺术的代表作。

篆书作品《泰山刻石》（局部）（李斯，秦）

2. 隶书

隶书最早流行于秦朝，在东汉时期达到了顶峰，书法界常有"汉隶唐楷"之说，字形方扁、方劲古朴。隶书基本笔画由篆书演变而来，竖、横、点、撇、捺、折、钩、提是隶书八种基本笔画。隶书左右舒展、蚕头雁尾、提顿分明，给人以苍劲古朴、虚实相生的美感。

汉代是隶书发展的高峰期，《曹全碑》是很具有代表性的汉隶作品。其字体自由奔放，线条飞扬流畅，风格俊逸多姿并雅静端庄。

隶书作品《曹全碑》（局部）（王敞等，东汉）

3. 草书

草书是为了书写方便，由隶书简化而成的一种字体。为提高书写效率，草书不断简化隶书的笔画和结构。草书基本笔画共有九种，分别是点、横、竖、撇、捺、方折、圆转、提、钩。笔画连绵回绕，删繁就简，狂放而富于变化，呈现出别具一格的美感。草书运用连笔和借代的方式对笔画和偏旁部首进行了简化，使形式纵横奔放，书写更加快捷方便。

4. 楷书

楷书在唐朝进入巅峰时期，集魏晋南北朝书法为一体，形成字体法度森严，严谨端正而又秀美清新的风貌。唐代书法大家众多，如欧阳询、颜真卿、柳公权，他们的楷书分别被称为"欧体""颜

楷书作品《勤礼碑》（局部）（颜真卿，唐）

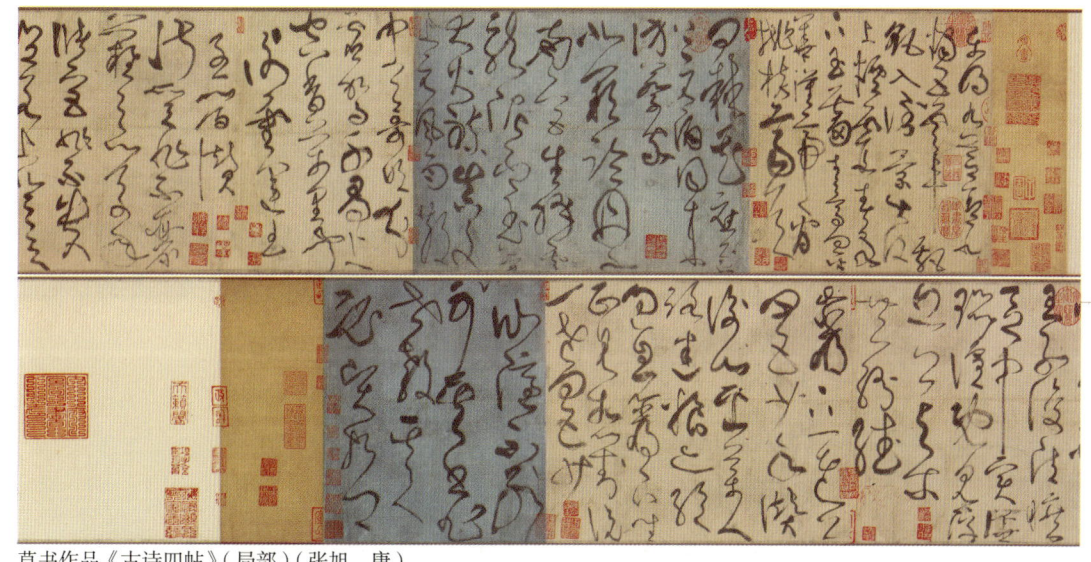

草书作品《古诗四帖》（局部）（张旭，唐）

行书作品《兰亭序》（局部）（王羲之，东晋）

体""柳体"。唐代楷书温润又不失遒劲，形成了法度严谨、风格整饬、体态端庄的"庙堂气象"。

与隶书相比，楷书的笔画更加平正，结构紧凑穿插、主次分明。颜真卿的《勤礼碑》是楷书精品。

5. 行书

行书是介于草书和楷书之间的一种字体，兼具两者之长。其结构动静结合、开合自如，具有灵活易辨的形体和俊逸和畅的气韵。行书的基本笔画为横、竖、撇、捺、点、钩、折、提。行书在隶书的基础上加快了运笔的速度，加强了单字笔画间的连带，增强了书写的流畅性和连贯性。

王羲之的《兰亭序》被誉为"天下第一行书"，记叙了兰亭周围的山水之美和人们聚会时的欢乐之情，笔势奇雄、神采飘逸。

三 中国文学艺术的发展与演进

中国是四大文明古国之一，也是唯一存续至今的文明古国。在五千多年漫漫文明发展史中，上古神话、先秦诗歌散文、乐府汉赋、唐诗宋词、元曲杂剧、明清小说直至现当代文学，似颗颗耀眼的明珠，散落于历史长河，熠熠生辉，见证着历史，也温润着我们的心灵。

（一）先秦诗歌

1.《诗经》的现实主义之美

《诗经》是先秦现实主义诗歌的巅峰之作，是我国最早的一部诗歌总集，收录诗歌305篇（从西周初年至春秋中叶约五百年），史称《诗》或者《诗三百》，分为《风》《雅》《颂》三部分，自汉代被尊为儒家经典，称《诗经》。

《诗经》中的作品内容十分广泛，集中反映了殷周时期，尤其是西周初期至春秋中叶社会生活的各个方面，不仅描述了周代丰富多彩的社会生活，而且揭示了周人的精神风貌和情感世界。《诗经》是我国最早的富于现实精神的诗歌总集，奠定了我国诗歌面向现实的传统。《诗经》的现实精神，在"国风"和"二雅"中表现尤其突出，艺术成就最高的是《风》，其中收录的多为民歌，反映了劳动人民喜怒哀乐的朴实情感。

2.《楚辞》的浪漫主义之美

《楚辞》是先秦文学的另一高峰，是中国文学史上第一部浪漫主义诗歌总集。其多以六言句式为主，句中或句末加"兮"作叹，很多词语多为楚国方言，在节奏和韵律上有自己的特色，适合表达更丰富的思想情感。以伟大的爱国诗人屈原的代表作《离骚》最为著名，《离骚》运用了大量香草美人的象征意象，发展了《诗经》中的比兴手法，使得诗歌蕴含更为丰富。"骚体"也成为该文学体裁的代称，诗人将其对国家的炽烈情感和对现实的满腔愤懑熔铸在诗歌之中，成就了我国古代最长的政治抒情诗。

（二）两汉诗赋

1. 乐府诗的叙事之美

两汉时期诗歌以乐府诗和五言诗成就最为突出，乐府诗是继《诗经》《楚辞》之后的又一种新的诗歌体式。《孔雀东南飞》是著名的叙事长篇乐府诗，与北朝的《木兰诗》、唐代韦庄的《秦妇吟》并称为"乐府三绝"。

2. 五言诗的音节之美

五言诗大约起源于西汉，在东汉末年趋于成熟，其吸收民歌形式，抒情和叙事更加灵活细致，音节上奇偶相配富于音乐美，逐步取代四言诗的正统地位，成为古典诗歌的主要形式之一。《古诗十九首》代表了汉代五言诗的最高成就。

（三）唐宋诗词

1. 唐诗的盛唐气象

唐代是我国古典诗歌发展的全盛时期。唐诗继承了汉魏民歌乐府传统，发展了歌行体样式；继承了五言七言古诗体式，发展出叙事言情的长诗；扩展了五言、七言的运用，创造了优美整齐的近体诗。

唐代诗坛群星璀璨，可谓诗歌创作的鼎盛时期，涌现出以初唐四杰（王勃、杨炯、卢照邻、骆宾王）、诗仙（李白）、诗圣（杜甫）、七绝圣手（王昌龄）为代表的一大批诗人，他们共同开辟了一个气象恢宏的诗歌的黄金时代。

2. 宋词的入乐之风

词始于梁代，形成于唐代，极盛于宋代。词因入乐歌唱，又称"长短句""曲子词"。北宋时期词坛形成两大流派：以柳永为代表的婉约派和以苏轼为代表的豪放派。

南宋中期，词的创作达到鼎盛时期，表现爱国情感的豪放词作得到飞速发展，辛弃疾、陆游是此时期代表词人。在这一时期，词发展成与诗地位相当的文学形式。

（四）元曲

元曲是散曲和杂剧的合称。散曲是诗歌，是元代文学的主体；杂剧是戏曲，元杂剧的成就和影响远超散曲。与唐诗宋词相比，散曲更加通俗易懂、灵活多样，不讲究平仄对仗而重韵，用白描手法直接刻画陈述。

散曲，是韵文大家族中的新成员，是继诗、词之后兴起的新诗体，代表了元代诗歌创作的最高成就。元代散曲创作的风格是多样的，一般认为，元代散曲主要可以分豪放、清丽两派。豪放派以马致远称首，清丽派则以张可久为魁。如以元曲前后期作品的倾向来看，前期是以豪放本色为主流，但是尖新清丽之作也有重要地位；到了后期，则以清丽为主，豪放为辅。即使是以疏放豪宕著称的贯云石等人，他们的作品风格也与前期豪放派不同，带有江南文学传统的妩媚色彩。

元代是中国戏曲的第一个繁荣发展时期。元代杂剧是在前代戏曲艺术宋杂剧和金院本的基础上发展起来的一种戏剧样式，包含"唱""念""做"，其剧本描写人物故事则主要通过歌唱和念白。一些优秀剧本的唱词都在不同程度上呈现出诗剧的色彩。念白部分由于受唐、宋以来的戏剧传统的影响，常有插科打诨，颇富幽默趣味。代表作家有关汉卿、王实甫、白朴、马致远等。

（五）明清小说

明清时期，小说发展成就最高。历史演义小说《三国演义》、英雄传奇小说《水浒传》，神魔小说《西游记》等作品将明代小说推向创作巅峰。清代文学样式繁多，前代流行的文学体式在清代都得以发展，而小说成就尤其突出，蒲松龄的《聊斋志异》、曹雪芹的《红楼梦》、吴敬梓的《儒林外史》等作品都成为传世之巨作。

（六）现当代文学

"五四"新文化运动期间，白话文登上历史舞台，作为"新文化"的载体和媒介，白话文是中国人了解新思想新观念的重要手段，新文化运动因而结出了累累硕果，各地爱国团体纷纷创办白话报刊。鲁迅的《狂人日记》被认为是第一篇白话短篇小说，巴金、老舍、茅盾、沈从文均为这一时期著名小说家，此时期也涌现出朱自清、冰心、徐志摩、戴望舒、艾青等文学家，他们的作品至今仍陶冶浸润着我们的心灵。

新中国成立以后，文学发展迎来新高潮，新生活带给作家们喷涌的创作灵感和丰富的题材，郭小川、舒婷等是此时期的代表诗人，还有很多优秀的小说家，如王蒙、莫言、路遥、贾平凹、铁凝等。

边城之美

美的欣赏

这是一个美丽的地方,是传说中凤凰展翅飞升的地方,这里山清水秀,这里民风淳朴,这里就是著名作家沈从文笔下的世外桃源——《边城》。

作品着力描绘不受"近代文明"玷污的原始古朴的人性,在平淡的生活节奏与情调中塑造一系列不带社会阶级烙印的自然化的人,讴歌一种自在的人生。

沈从文在这部小说中描绘了湘西的风土人情和优美的环境,塑造了主要人物翠翠的形象,构筑了善与美的理想世界,充分彰显了人性之美。

环境之美:"这官路将近湘西边境到了一个地方名为'茶峒'的小山城时,有一小溪,溪边有座白色小塔,塔下住了一户单独的人家。这人家只一个老人,一个女孩子,一只黄狗。"

"小溪流下去,绕山岨流,约三里便汇入茶峒的大河。人若过溪越小山走去,则只一里路就到了茶峒城边。溪流如弓背,山路如弓弦,故远近有了小小差异。小溪宽约二十丈,河床为大片石头作成。静静的水即或深到一篙不能落底,却依然清澈透明,河中游鱼来去皆可以计数。"

"住处两山多篁竹,翠色逼人而来。"

自然清丽,优美如画:清澈见底的河流,凭水依山的小城,攀引缆索的渡船,翠色逼人的篁竹……

人物之美:"翠翠在风日里长养着,把皮肤变得黑黑的,触目为青山绿水,一对眸子清明如水晶,自然既长养她且教育她。"

"为人天真活泼,处处俨然如一只小兽物""从不想到残忍事情,从不发愁,从不动气。"

翠翠:清纯美丽、天真活泼、乖巧伶俐、敏感善良,她的身上闪耀着"未被近代文明污染"的人性美,那是内在的、精神的、灵魂的美。

诗意的孤独:父母早逝,与爷爷相依,和黄狗相伴;歌声的来复,反而使一切更寂静一些了;独自低低地学小羊叫着,学母牛叫着;采一把野花缚在头上,独自装扮新娘子……

淳朴的民风:"凡事求个心安理得,出气力不受酬谁好意思,不管如何还是有人把钱的。"

"管船人却情不过，也为了心安起见，……给过路人解渴。"

爷爷：勤劳淳朴、忠于职守、善良慈爱。

《边城》用优美的语言为我们描绘了一个秀丽而温馨的"边城"世界，这里的人性皆真、皆善、皆美，到处充满人性美、人情美，即使是孤寂，也是充满诗意的。这就是语言大师为我们营造的世外桃源——一处远离纷争浊世的净土。

湖南湘西烟雨凤凰风光

美的视窗	话题探讨	2021年12月初，国家语言资源监测与研究中心发布了"2021年度十大网络用语"，"yyds"和"绝绝子"均榜上有名。有人讨厌"yyds"和"绝绝子"这种表达，认为这是表达能力的退化、文字失语的表现；有人说这种词的流行属于正常现象，应该探讨它们流行起来的原因；有人说应该先搞清楚这"yyds"是缩略语还是新造词，它出现后反映了什么，导致了什么，如何应对；也有人说中华文化博大精深，几千年语言发展筛选精炼过后所得出的文字精髓没有被好好传承，就凭着自己那点小眼界去妄造新词。 你在生活中会使用"yyds"和"绝绝子"这样的网络词语吗？对于这种词语的广泛流行，请你从语言美的角度谈谈你的看法。
	拓展阅读	诵读《道德经》第一章、第二章和第八章的内容，说一说这三部分内容运用了哪些修辞手法？这些修辞手法在说理、抒情方面起到了什么样的作用？大声诵读，感受语言的音韵美，思考并谈一谈这种音韵美形成的原因。 **道德经·第一章** 　　道可道，非常道；名可名，非常名。 　　无，名天地之始，有，名万物之母。 　　故常无，欲以观其妙，常有，欲以观其徼。 　　此两者，同出而异名，同谓之玄，玄之又玄，众妙之门。 **道德经·第二章** 　　天下皆知美之为美，斯恶已，皆知善之为善，斯不善已。 　　有无相生，难易相成，长短相形，高下相盈，音声相和，前后相随。 　　是以圣人处无为之事，行不言之教，万物作而不为始，生而不有，为而不恃，功成而弗居。夫惟弗居，是以不去。 **道德经·第八章** 　　上善若水，水善利万物而不争。处众人之所恶，故几于道。居善地，心善渊，与善仁，言善信，政善治，事善能，动善时。夫唯不争，故无尤。

楹联的创作

楹联是对联的雅称，是汉语言文学艺术的集大成体现，也是普通民众喜闻乐见的一种民俗。楹联又称对联、门对、春贴、春联、对子、桃符，因古时多悬挂于楼堂宅殿的楹柱而有了楹联这个名称，是一种对偶文学。一说是起源于桃符，另一说是来源是春贴，古人在立春日多贴"宜春"二字，后渐渐发展为春联，表达了中国劳动人民一种辟邪除灾、迎祥纳福的美好愿望。言简意深，对仗工整，平仄协调，字数相等，结构相同，是汉语语言的独特艺术形式。

二字联： 春花（对）秋月

书山（对）学海

三字联： 水底月（对）镜中花

飞鸟尽（对）良弓藏

四字联： 青山不老（对）绿水长流

东南西北（对）春夏秋冬

五字联： 山色攒文气（对）湖光澄读心

翱翔一万里（对）来去几千年

六字联： 云无心以出岫（对）鸟倦飞而知还

行止无愧天地（对）褒贬自有春秋

七字联： 既闻山石无假色（对）亦知草木有真香

松叶竹叶叶叶翠（对）秋声雁声声声寒

请结合范例了解楹联的特点和韵味，并观看纪录片《楹联里的中国》，体会楹联里的中国文化，故事中的语言魅力。以"青春梦想未来"为主题，创作一副七言楹联，要求语言通顺，对仗工整，主题鲜明，尽可能展现出文字的意境。

春节民俗：手写春联

行为美

专题五

美的导航

2019年岁末，一种罕见病毒悄然降临武汉，一千四百多万人的生命安全面临巨大威胁。疫情就是命令，防控就是责任。在以习近平总书记为核心的党中央坚强领导下，14亿中国人以坚决果断的勇气和决心，经过艰苦卓绝的努力，用3个月左右的时间取得武汉保卫战、湖北保卫战的决定性成果，进而又接连打了几场局部地区聚集性疫情歼灭战，夺取了全国抗疫斗争重大战略成果。

面对突如其来的严重疫情，广大医务人员白衣为甲、逆行出征、舍生忘死，广大党员、干部带头冲锋，人民解放军指战员、武警部队官兵、公安民警奋勇当先，科研人员奋力攻关，快递人员冒疫奔忙，环卫工人起早贪黑，新闻工作者深入一线，各行业奋勇担当，千千万万的志愿者和普通人默默奉献……他们生死与共、不怕牺牲的高尚行为，是这个时代最美的行为。

抗疫一线各职业英雄人物漫画形象

一、行为美的内涵与特征

人的行为可以分为两类,一类是作为生物的行为,另一类是附加了社会属性的社会行为,包括个体行为和集体行为。而通常意义的人的行为主要指社会行为。

行为美是人在各种社会实践活动中体现出来的美,是以"善"为出发点,在帮助别人的同时又能带来美好体验。它既和道德有关,又和审美有关,行为美一般指有分寸感、文雅或高尚的行为。行为美的培养,是美育的一项重要内容。

实施帮助的行为主体没有功利性目的,而接受帮助的人却有实质获利,如物质、安全等。这种"获利"应符合道德规范,并在法律允许范围内。行为美的本质是"善"的外在行为体现,可以是有意识的行为也可以是无意识的行为。

二、行为美的表现

行为美涉及社会的方方面面,无处不在,主要表现在待己、待人、待物、待事四个方面。

(一)待己

待己是个人行为对自身造成的影响,是指有针对性的个人修为。古人强调"身体发肤,受之父母",待己首先要自立自爱,珍视生命,有所追求,不妄自菲薄。待己要举止有度,控制贪欲。儒家强调"慎独",是对君子独处的基本要求,即在没有外在监督的情况下,个人言行举止合乎礼仪法度,坚定操守,表里如一。

从人的自然属性分析，人类的行为举止要符合人类自身的特点。从人的社会属性分析，人类的行为美表现为礼仪美、文雅美、学养美、操守美等。

1. 礼仪美

《论语》云："文质彬彬，然后君子"。中国作为礼仪之邦，非常重视礼仪，大到国家庆典，小到家庭聚会，无不如此。礼仪是行为的"润滑剂"，可以使行为更易于让人接受，让人感受到尊重和美。

2. 文雅美

做人，应该做一个文明的人、文雅的人。与人相处时，应谦虚谨慎、戒骄戒躁；和人交往时，要讲究分寸、温文尔雅。例如，不要随便打断别人的讲话，在公共场合不要大声喧哗，不要抖动着腿和人谈话，不要谈论别人的生理缺陷，不要讥笑别人，不要追问别人不愿讲的秘密等。

3. 学养美

"腹有诗书气自华"，是指一个人学识丰富、见识广博，不需要刻意装扮就会由内而外呈现出一种典雅气质，相反，如果没有内涵的话，不管怎么打扮，都不会显得有气质风度。古有三国周瑜"羽扇纶巾，谈笑间樯橹灰飞烟灭"，今有清华韦东奕"布衣粗食，板书中疑难迎刃而解"。他们所处的时代虽不同，但身上体现出来的学养美是相似的。

4. 操守美

操守是指人的品德和气节，在社会生活中有着重要作用。个人操守表现为个人的处事原则，不轻易受到外界影响。王昌龄以"洛阳亲友如相问，一片冰心在玉壶"的诗句，表明了自己坚贞的操守、光明磊落的品格和对谤议的蔑视。职业操守是指人们在从事职业活动中必须遵从的最低道德底线和行业规范。它具有"基础性"和"制约性"的特点。战士卫国戍边、交警严冬酷暑下指挥交通、老师灯下备课都是行为美的表现。

（二）待人

待人是指对待别人的态度和行为。如对待父母、妻儿、兄弟、姐妹、师长、朋友、同事、陌生人等。待人行为包含"有所为"和"有所不为"两个方面，在倡导助人为乐、为公众造福的同时，也应尊重他人意愿，将心比心，不将一己好恶强加于人，肆意干涉他人自由。

1. 待亲人

舐犊情深、反哺之恩是父母与子女间的行为美；举案齐眉、相濡以沫是夫妻爱人间的行为美；兄友弟恭、软谈丽语是兄弟姐妹间的行为美。

朱自清的《背影》、阎维文的《母亲》、林觉民的《与妻书》等，都真切生动地表现了感人肺腑的亲情美。在现实生活中，用自己的实际行动去报答亲情所体现的美就是亲情美。

2. 待师长

尊敬师长是中华民族的传统美德。老师和年长者具有我们没有的知识和经验，他们的付出为后来者的进步奠定了基础，尊敬长者是后来者基本的素养。客观讲，尊敬师长的行为是后来者的行为美，也是获得知识、取得进步的重要途径。宋代学者杨时向当时的理学大师程颐拜师求教时，为不打扰老师的休息，在寒冷的雪地里站了很久，待积雪一尺，老师醒来后才进去拜见，成为流传至今的尊师重教的典范。

3. 待友人

友谊，不仅能带给我们温暖、支持和力量，而且能使我们心情愉悦、事业顺利。择良友而交，互相尊重协助，彼此的生活会更加美好。

李白在《黄鹤楼送孟浩然之广陵》一诗中写道："故人西辞黄鹤楼，烟花三月下扬州。孤帆远影碧空尽，唯见长江天际流。"目送好友乘坐的客船消失在天际，依然踮足翘望，惆怅不舍，这种性情相投的友人间所流露出来的惜别深情至今为人所传颂。

4. 待陌生人

人与动物的重要区别之一是人与人之间的友善、互助行为所体现出的行为美，尤其在别人陷入困难、危险的时候。比如见到老人步履蹒跚，行走艰难，行人可以伸手扶助；见到过马路的行人，司机要减速让行；发现车上有老弱病残孕等需要帮助的人，乘客要及时让座等。

平凡的行为和高尚的行为之间，并没有一道不可以逾越的鸿沟。崇高的行为，也是从一点一滴的日常善行中逐渐积累而成的。一个庸庸碌碌的人，不可能不经过努力就能做出惊天动地的崇高行为。只有在日常平凡的工作、学习、劳动中，处处时时从人民的利益着想，积小善为大善，才可以产生崇高的行为。

（三）待物

人类立足于社会，离不开物质世界。物质是人类生存的条件，而物质又是有限的，因此必须有"爱物"的意识，而爱物的行为就是待物美。

爱物包括两层含义，一是爱生态环境。热爱大自然、珍惜各种资源，如空气、水、土壤、海洋、矿产等。二是爱生活环境，平时要养成勤俭节约的习惯和爱护环境的意识。要爱惜粮食，一箪食、一瓢饮皆思来之不易；要做好垃圾分类，不乱丢乱放，避免污染环境。

爱物要爱惜公共财物。公共财物是人类共同生产，为群体提供生活生产保障。任何人没有权力破坏，保护公共财物是每个人的义务，不能以任何个人理由擅自破坏。比如：森林资源不能随意破坏，公共水源不能污染，道路不能擅自设路障，矿产资源不能随意开发等。

爱物要爱惜别人的财物。法律明确规定，个人财物属个人所有，法律予以保护，他人不能以任何理由破坏。

爱物要爱惜个人财物。爱惜个人财物不仅指个人财物不允许他人侵害，还包括生活资料量度为用、够用即可。不追求奢靡的生活，不铺张浪费。

（四）待事

待事是个人处理具体事物时所展现出来的态度和做事的全过程。做出决定前经过深思熟虑，面对困难时不轻言放弃，产生分歧时客观公正，出现挫折后勇于进取……这些都是值得赞赏的待事态度。

所谓能经事、任事、共事，即遇事不逃避，接事有承诺，干事负责任，完事有跟踪，都是值得称许的待事行为。

1. 追求人类解放和进步的崇高之美

李大钊同志面对多灾多难的祖国，体现出忧国忧民的赤子之心，他下定决心为挽救"神州陆沉""再造中华"而努力奋斗，他始终把自己的学识与拯救国家和民族的使命紧紧联系在一起。正是强烈的爱国之心和对社会、对人

李大钊纪念馆浮雕

民的高度责任感，促使李大钊同志奋不顾身、英勇战斗。李大钊在确立马克思主义信仰后再也没有动摇过，真正做到了"勇往奋进以赴之""断头流血以从之""瘁精瘁力以成之"，体现出共产党人对初心使命的顽强坚守、对党的事业的无比忠诚。

李大钊同志用自己短暂的生命，在中国革命史上谱写的壮丽篇章，将永载中国共产党和中国人民革命斗争的史册。李大钊的行为是为了人类解放，反对封建、反对压迫的革命行为，所呈现的是崇高的、伟大的、革命的行为美。

2. 维护国家民族尊严的大义之美

民族尊严是国民的基本尊严，国家利益是国民的根本利益，维护民族尊严、国家利益的行为所体现出的是深明大义的行为美。1927年，我国著名画家徐悲鸿在欧洲留学，有一名外国学生向徐悲鸿挑衅说："中国人愚昧无知，生就当亡国奴的材料，即使是把你们送到天堂里去深造，也成不了才。"

这些话激怒了具有满腔爱国热血的徐悲鸿，他严肃地说："那好，我代表我的祖国，你代表你的国家，等学习结业时，看到底谁是人才，谁是蠢材！"从此，徐悲鸿怀着为中华民族争光的决心，刻苦努力深造。最终，有志者事竟成，在进入巴黎国立高等美术学校第一年的考试中，徐悲鸿获得了第一名。那个曾向他挑衅的外国学生见此则灰头土脸，不得不承认自己不是他的对手。作为祖国的儿女，维护国家民族尊严和利益是我们义不容辞的责任，关键时刻挺身而出、担当有为，呈现的是大义凛然的行为美。

徐悲鸿雕像

3. 恪尽职守的职业之美

严格按规章制度操作是行为美的体现，不断练习提高技能、改良操作方法，实现技术重大创新也是行为美的体现。

三棵树车辆段的检车员邵泽勇刻苦攻关成为"全路首席技师"，并带领同事技术进步。他的奋斗经历激励着一批批技术人员跟随他的脚步努力奋斗。邵泽勇的行为体现出的就是典型的职业行为美。

人类从诞生之日起就伴随着举手投足、生活劳作、交际娱乐等行为。其中，符合当时社会道德要求和大众审美标准的行为，被人们所赞赏和提倡的，就是美的；反之，那些违背当时社会道德要求和大众审美标准的行为，被人们所反对和摒弃的，就是丑的。不同时代、不同阶级具有不同的道德评价标准和审美评判标准，所以每个时代行为美都有不同的呈现形式。

一 行为美的产生与发展

公元前5万年至公元前1万年，即原始社会的中、晚期（约旧石器时期），人们已对行为有了美的要求。例如，生活在距今约1.8万年前的北京周口店山顶洞人，就已经知道打扮自己。他们用穿孔的兽齿、石珠作为装饰品，挂在脖子上。他们还在去世的族人身旁撒放赤铁矿粉，举行原始的宗教仪式，这是迄今为止在中国发现的最早的葬仪。葬仪的出现，说明当时社会有了约定俗成的道德范式，以评判人的行为是否符合社会道德要求。

公元前21世纪至公元前15世纪的夏代，中国从原始社会末期向早期奴隶社会过渡。当时生产力低下，人们过着最朴素的集体生活，抵御自然灾害的能力较弱，所以当时的人们崇拜祖先和英雄，并把他们的行为作为典范。传说，舜驯服庞大的野象，羿射下骄纵的太阳，禹治理肆虐的洪水，这些伟大英雄的英勇壮举和赫赫战功，都是被人们推崇的美的行为，在那个时代激励着人们战胜恶劣的自然条件，让大家可以勇敢地生存下来。

随着奴隶社会制度的完善，商朝和周朝建构了相对完备的礼制来规范人们的行为。《周礼》一书，将人们的行为举止、心理情操

《周礼句解》书影

山东济宁孔子博物馆：陈蔡绝粮

等统统纳入一个尊卑有序的模式之中。《周礼·春官》从五个方面对人的行为进行了规范，即吉礼、凶礼、宾礼、军礼、嘉礼。而这五礼是周朝礼仪制度的重要方面。吉礼，指祭祀的典礼；凶礼，主要指丧葬礼仪；宾礼，指诸侯对天子的朝觐及诸侯之间的会盟等礼节；军礼，主要包括阅兵、出师等仪式；嘉礼，包括冠礼、婚礼、乡饮酒礼等。由此可见，许多基本行为规范在商末周初已基本形成。

春秋战国时期是我国由奴隶社会向封建社会转型的时期。在此期间，相继涌现出孔子、孟子、荀子等思想巨人，从礼制层面对人的行为进行了更完备的规范。

孔子是中国古代的大思想家、大教育家，他首开私人讲学之风，打破了贵族垄断教育的局面。他编订的《仪礼》与前述《周礼》和孔门后学编的《礼记》，合称"三礼"，是中国古代最早、最重要的礼仪著作之一。孔子认为，"不学礼，无以立"，要做到"非礼勿视，非礼勿听，非礼勿言，非礼勿动"。他倡导"仁者爱人"，强调人与人之间要有同情心，要互相关心，彼此尊重。孔子系统地阐述了礼及礼仪的本质与功能，把行为美的理论提升到一个新的高度。

荀子是战国末期的大思想家。他主张"隆礼""重法"，提倡礼法并重。他指出："贵贱有等，长幼有差，贫富轻重皆有称者也。""礼之于正国家也，如权衡之于轻重也，如绳墨之于曲直也。故人无礼不生，事无礼不成，国家无礼不宁。"荀子还提出，不仅要有礼治，还要有法治。只有尊崇礼，法制完备，国家才能安宁。

从西汉至清代，随着中国封建制度的日益成熟，社会从上至下对人的行为的规范也更加完善具体。西汉思想家董仲舒把儒家礼仪具体概括为"三纲五常"，

"三纲"即君为臣纲，父为子纲，夫为妻纲，"五常"即仁、义、礼、智、信。"三纲五常"成为中国封建社会规范衡量人行为美丑的标尺。

宋代时，出现了以儒家思想为基础，兼容道学、佛学思想的理学，程颐程颢和朱熹为其主要代表。他们对"三纲五常"进行更加严密的规制。在家庭行为美方面，宋代有了突出的发展。尤以北宋史学家司马光《资治通鉴》中的《涑水家仪》和南宋理学家朱熹《四书集注》中的《朱子家礼》最为著名。其中对父子之礼、夫妻之礼、交友之礼等忠、孝、节、义等行为规范，阐述得非常详细而具体。

二 当代行为美内涵的变迁

辛亥革命后，中国社会开始进入了民主革新的时代，以孙中山先生为代表的革命党人破旧立新，用民权代替君权，用自由、平等取代宗法等级制，普及教育，废除祭孔读经，改易陋俗，剪辫子、禁缠足等，正式拉开现代行为美内涵变迁的序幕。

中华人民共和国成立后，人们摒弃了"神权天命""愚忠愚孝""三从四德"等封建礼教，确立了同志式的合作互助关系和男女平等的新型社会关系，而尊老爱幼、讲究信义、以诚待人、先人后己、礼尚往来等中国传统礼仪中的精华，则得到继承和发扬，行为美呈现出新的时代风貌。

改革开放为行为美赋予了新的时代内涵。从推行文明礼貌用语到积极树立行业新风，从开展"18岁成人仪式教育活动"到制定市民文明公约，各行各业的礼仪规范纷纷出台，岗位培训、礼仪教育日趋火热，讲文明、重礼貌蔚然成风。《公共关系报》《现代交际》等一批涉及礼仪的报刊应运而生，《中国应用礼仪大全》《称谓大辞典》《外国习俗与礼仪》等介绍研究礼仪的图书、辞典、教材不断问世，使人们对于行为美有了更清晰、更具时代性的认知。行为美的内涵和规范也更加多样化和多元化。但是中华优秀传统文化是我们的根脉，在日常生活中，仍然需要尊重约定俗成的一些行为美的范式，比如自强不息、见义勇为、团结协作、尊老爱幼、邻里和睦等。同时，在与不同文化背景的人交往时，要以文化自信为基础，互相尊重、包容欣赏。

职业行为之美
——大国工匠李万君

美的欣赏

李万君在"感动中国2016年度人物"颁奖现场

1987年,19岁的李万君职高毕业后被分配到中车长春客车厂电焊车间水箱工段。当时厂里流行一句顺口溜:"远看像逃难的,近看像要饭的,仔细一看是水箱工段的。"因为忍受不了条件艰苦,一起入厂的28个伙伴,25个离了职。李万君坚持了下来,他立下志向:要像父亲一样,当一名像样的技术工人。他起早贪黑地练习,不停地向老师傅讨教焊接技艺,哪个师傅的活儿干得好,他就在一旁边看边学,凭着这股坚持不懈、不服输的钻劲儿、韧劲儿,后来的10余年间,他3次代表长客出征长春市焊工大赛,3次拿了第一,被国务院授予"中央企业技术能手"称号,2017年2月8日,获得"感动中国2016年度人物"十大人物荣誉称号,2019年1月18日,当选2018年"大国工匠年度人物"。

为了适应高铁电焊接技术的快速发展,李万君先后考取了6项国际焊工资质证书和1项国际技师资质证书。2007年,中车长客试制生产时速250千米动车组,车间焊接工人严重短缺,李万君便肩负起培训师傅的重任。从焊接工人到老师身份的变化给李万君带来了不小的考验。国内没有高铁焊接相关书籍可参考,他就自己写。李万君一边工作,一边编教材,将20多年来掌握的焊接方法和操作经验编成带有操作步骤的文稿,就连焊枪的角度、蹲姿,甚至如何喘气等细节,都编进了教材。在他任"师傅"期间，400多名校企联办学生全部提前半年考取国际焊工资格证书，创造了职业技能培训的一个"奇迹"。他主持的公司焊工首席操作师工作室，被国家授予"李万君国家技能大师工作室"称号。多年来，他先后组织培训近200场，为公司培训焊工1万多人次，同时还向全国各地的技术工人无私传授技艺。他用自己的成长经历鼓励徒弟们："干一行爱一行，只要坚持就会有成绩，就会成功。"

2015年初，在没有前人经验可以借鉴的情况下，李万君身先士卒，坚持反复试验、反复比对，用了半个多月时间，摸索出了世界上难度最高的高铁焊接技术"构架环口焊接七步操作法"，让外国专家都"不敢想象，这是中国人干的"！从业30年来，李万君总结制定出了20多种转向架焊接规范及操作方法，完成技术攻关100多项，其中取得国家专利21项，填补了多项国内技术空白。新加坡一家企业开出他月薪10倍的待遇想挖走他，被他拒绝了。他说："钱永远挣不到头，没有中车长客，没赶上高铁时代，咱啥也不是。人不能忘本，咱得回报企业，报效国家，让老百姓坐上世界最好的高铁。"

马克思说："劳动创造了美"。从一名踌躇的职高毕业生到一名工人再到大国工匠，日复一日，李万君执着专注、精益求精、一丝不苟、追求卓越，他用35年脚踏实地的执着和坚守，"焊"卫着自己的初心和匠心，诠释了中国工人最朴素的工匠精神和职业行为之美，以及作为一名社会公民对于社会主义核心价值观"爱岗敬业"的踏实践行。正是无数像李万君一样的一线技术技能人才，为中国速度、中国质量、中国创造保驾护航。

英雄行为之美
——扫雷英雄杜富国

在祖国的西南边陲，有这么一群长年与死神为伴的扫雷战士，他们时刻要冒着生命危险去征服一个个死亡雷场，然后再将一块块和平的土地交还于当地人民，扫雷英雄杜富国就是他们中的一员。他是一名90后，19岁入伍。原来是一名边防战士，后来主动写下请战书，强烈要求到扫雷一线执行任务。雷场就是战场。官兵心里都清楚，谁多排一颗雷，谁的危险就会多一分。杜富国经常是第一个进雷场、第一个设置炸药、第一个引爆的人，大家给他起了一个绰号"雷大胆"。

2018年10月11日下午，杜富国和战友艾岩正在从眼前的泥土里细细找寻雷弹的踪迹。在接近坡顶的地方，杜富国发现了一枚露出部分弹体的爆炸物，经初步判断，这是一颗当量大、危险性高的加重手榴弹，根据以往经验，下面很可能埋着一个雷窝。"你退后，让我来！"杜富国以作业组长的身份命令身边的战友向后退。正当杜富国小心翼翼清除弹体周围的浮土时，伴随着"轰"的一声巨响，手榴弹突然爆炸。他下意识地倒向战友一侧，为战友挡住了爆炸冲击波和弹片，自己却被炸成了血人。胸前的扫雷服被炸成了棉絮，头盔护镜被炸裂……杜富国永远地失去了双手和双眼。

全身大面积炸伤、烧伤，每次换药时需要重新触碰伤口，连医生都心有不忍，杜富国却咬牙坚持下来。受伤之初，因手臂常有幻肢痛，他感到手还在，"手指头"会痛。有多痛？陪护人员问医生，医生说："就像刀子割肉一样痛。"即使在这种情况下，杜富国也从未流过一滴眼泪。40多天的救治里，有时候他疼得躺在床上颤抖，连床都被带得摇晃起来，但从未听他喊过一声疼。康复期间，他甚至依然坚持军营一日生活制度，起床、学习、体能训练，一如平常。他将牙齿、残臂、脚掌并用，自己穿衣、洗脸，用辅助工具吃饭。后来，他还成了军队广播节目的播音员。天行健，君子以自强不息。杜富国曾说："虽然没了双手，但我还有双腿，可以继续为梦想奔跑；虽然失去光明，但只要心中升起太阳，我的世界依然五彩缤纷。"

英雄并非与生俱来，而是百炼成钢。杜富国主动请缨成为一名离死神最近的扫雷兵，紧要关头、危难时刻的一句"你退后，让我来！"，六个字铁骨铮铮，他以血肉之躯替他人挡住危险，哪怕自己坠入深渊。这英勇而光荣的行为美背后，彰显着真、善、美的崇高理想人格和家国情怀。鲁迅先生说："真正的猛士，敢于直面惨淡的人生，敢于正视淋漓的鲜血。"无论是后者，还是前者，他都做到了。杜富国作为一名90后青年战士，勇敢、无畏、坚强、乐观，他以他的使命担当、钢铁意志，诠释了新时代的英雄精神。他是时代的楷模，更是青年的楷模。

美的视窗

话题探讨

特殊历史时期的行为美集中表现为"英雄行为"。在特殊历史时期，人们直面现实的危险，置身激烈的冲突中，有些人表现得非常英勇，被人们赞颂为美。这种行为美表现出鲜明的共同点：一是勇敢，临危不惧、视死如归；二是豪气，壮志凌云、气贯长虹。据此来看，为国家、为民族或为人民、为革命或为真理、为正义而斗争的行为都可以归入"英雄行为"，属于非常时期中的行为美。

职业生活中的行为美集中表现为"专业行为"。专业行为是一种专门行为，有很强的专业性，产生于此种基础上的行为美就是"专而又专"了！"专而又专"不仅指知识、技能，也指品德、态度，其鲜明的共同点：一是认真，一丝不苟、精益求精；二是专注，指对专业聚精会神、心无旁骛。依此看来，"专业行为"范围广大、内容丰富。千百年来，人们尊敬行家里手，他们的影响往往超出专业领域，而遍及整个职业生活。

日常生活中的行为美集中表现为"助人行为"。日常行为是范围最宽泛、内容最丰富的行为，也是最普通、最不引人注目的行为。产生于此种基础上的行为美虽然没有英雄的"轰轰烈烈"，也缺少行家的"专而又专"，却寓伟大于平凡，显超常于日常，同样表现出鲜明的共同点：一是谦和、忍让、友善；二是所谓"傻气"，义无反顾、乐于助人，类似于雷锋所说的"革命的傻子"。"助人行为"涉及范围最广、功能又最多样，千百年来，人们赞美助人为乐者，其影响甚至会超出日常生活。

请你阅读以上材料，思考并谈一谈：三种行为美是彼此孤立还是相互交融、渗透和转化的？

拓展阅读

我不想做战场上的逃兵
——武汉护士写给爸爸妈妈的一封信

亲爱的爸爸妈妈：

你们好！

这段时间你们身体都还好吗？每天你们通过电视，看到的都是有关疫情的报道，是不是也为我担心，眼里常含泪花？

在微信里，你们一次次问我，是不是也在一线，我一次次告诉你们没有，为的是让你们的心稍安。可是，亲爱的爸爸妈妈，请原谅从未骗过你们的女儿第一次对你们撒了谎。

疫情突发，我和科室的同事们都取消了休假，在护士长的带领下，第一时间集结。我们每天和时间赛跑，和新冠病毒搏斗。穿上防护服，我就是一名战士，前面只有一条迎战新冠病毒逆行而上的路，否则就是一个逃兵。

我知道，你们一定不希望自己的女儿是一个战场上的逃兵。这段日子，我看到了奋战一线的护士长和同事们被汗水浸透的护士服，看到了她们脸上深深的印痕，看到了她们眼中始终给予患者的微笑，她们给我上了最生动的一课，告诉我一名真正的护士应该怎样去做。我已有足够的真心、耐心、诚心、爱心、决心、信心，我愿意用尽所学去护理患者。

亲爱的爸爸妈妈，请为女儿祝福吧，祝福我们所有一线的医护人员健康平安，祝福我们护理的所有患者早日康复，祝福我能早日与你们团圆。

我爱你们！

您的女儿王雅倩
2020年2月14日

美的体验

发现身边的行为美

1. **活动目标：** 通过发现散落于生活中的行为美，加深对行为美的理解，养成寻找、发现、感悟、传播、实践行为美的习惯与素养。
2. **活动对象：** 大二学生
3. **活动地点：** 校园周边或学生身边
4. **活动要求：** 以5~6人一个小组为单位，在校园周边或学生生活的周围去发现散落于生活中的行为美，用文字或图像的形式记录下来，联系个人生活经验总结分析，小组汇总团队调研成果，做成PPT或短视频，在主题班会上派代表进行展示，展示情况记入学生学习成绩。
5. **活动成果：** 文字总结材料，视频或PPT展示材料。

科技美

专题六

美的导航

自古以来,在中华文化的宝库里,有许许多多优秀的神话故事和丰富的历史典籍伴随着我们一代又一代青年学子的启蒙成长。嫦娥奔月、夸父逐日这些神话传说引发了人们无限的好奇、无穷的想象和无尽的探索。飞上太空,探索未知的星空宇宙,已成为人类永恒的梦想和美好的向往。今天,古老的神话已插上科技的翅膀,载人飞船登上月球,人类可以鸟瞰地球之美。神话照进现实,千年梦想成真。

回望科技历程,探寻中华文化、技艺传承与现代科技的渊源。科技创造美好生活,科技助力梦想、科技成就未来。

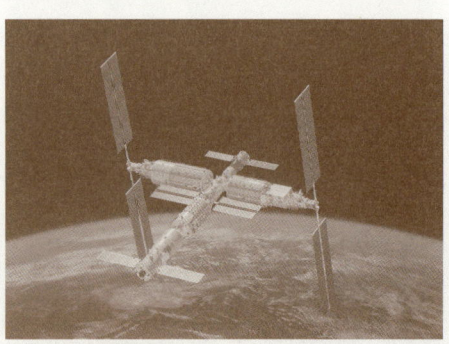

中国空间站构型图

一、科技美的内涵

（一）科学技术

如果说科学探究的萌芽源于人类对神秘自然、无穷宇宙的好奇，源于对社会的观察积累和实践。那么，技术则是助力实现好奇，实现对美好生活向往的手段与方法。人类对神秘苍穹和蔚蓝海洋的好奇，驱动了技术进步，成就了"上九天揽月"飞天梦和"下五洋捉鳖"海洋梦成为现实。人类对美好生活的向往，促进了科技的发展和进步。空调、彩电、冰箱、洗衣机、照相机、智能手机以及机器人、航天飞船等现代科技产品和科技成就应运而生。

科学和技术原本是两个不同的概念。但在现代社会，科学和技术在许多应用层面相互支撑、相互渗透、相互交融，一体化发展，两者之间的界限变得越来越模糊。日常生活中往往难分彼此，人们习惯将其合并起来称之为"科学技术"，简称"科技"。科技是人类为了满足好奇、满足自身需求和愿望，遵循自然规律，揭示自然真相，利用自然改造自然的方法、技能和手段。因此，科技融合了科学和技术的属性。譬如高科技产品智能手机，既蕴含科学发现的原理，又包含技术发明的创造，是二者的高度融合。智能手机的应用满足了人类的好奇，延伸了人类的感官，拓展了人类的能力，也在不断地改变着人类的生活、交流、学习和思维方式。视频语音让远隔千里的亲朋如在身边，让家乡的山山水水尽收眼底，科技让人类的生活变得更加美好。

尤其是近百年，科学技术的发展日新月异、突飞猛进，电磁学、电子学、相对论、量子力学等新科学体系相继建立，无线技术、通信技术、遥感技术、激光技术、人工智能等新技术不断涌现。技术延伸了科学，科学升华了技术，科学和技术愈发地融合。人类改造自然的手段和方法，越来越显示出高超的技能，展现出美轮美奂的技艺，人类在自然面前和社会交互中变得更为自由和自信。

当然，科学和技术也各有其独立的特性。科学与技术相比，科学更强调研究，是对自然真相的探索和内在规律的揭示，是一种探知自然、探求未知的实践活动，是推动社会进步的重要力量，也是人类文明进步的重要标志。技术更强调实用，本意是指技能或技艺。"技"有技艺、本领或工匠的含义，也有审美的意义。技近乎艺，艺近乎道。"人之有技，若己有之；人之彦圣，其心好之"，巧夺天工的技艺蕴含至臻之美。技术与艺术相比，技术更强调功能，艺术更强调表达。科学、技术、艺术三者融合则呈现出科技之美。

（二）科技之美

美是什么？科技中的美又是什么？

美是真是善，是自身需求或愿望被满足时，在情感上产生的一种或一系列愉悦的反应，具有浓郁的个性化色彩。每个人虽然都能识别美、感受美，但因个体禀赋差异、环境影响、教育程度不同，会有不同的感受和判断，产生的愉悦也不尽相同。对科技美的体验亦如此。人类在参与科学技术活动中，或体验或享用科技成果的应用时，自身的需求或愿望被满足，在情感上产生的愉悦反应，则为科技美的体验。譬如，2022年北京冬奥会开幕式，营造了基于大数据、人工智能和交互引擎等现代技术渲染的场景。当巨型"雪花"主火炬台托举着微光，把熊熊燃烧的传统奥运之火，幻化成雪花般圣洁、灵动的火苗，当象征"破冰之旅"的"冰雪五环"冉冉升起时，尽显现代科技的空灵、浪漫、简约、人文之美，带给不同观众不同层级的美的感受。

2022年北京冬奥会现场的"冰雪五环"

二、科技美的表现

科学的发现、技术的发明，美吗？X射线的发现和应用，美吗？核能的发现、核技术的应用，美吗？

事实上，科学原理和技术成果的本质是中性的和客观的，没有好坏与美丑的判别。然而"科学技术是一把双刃剑"，警醒着人类要坚守科学审慎的态度，尤其是对现代科技成果的规模化应用。因此，科技是否为美，判断其成果为谁所用、用于何处、后果何如，其蕴含的价值伦理和人文精神是首要的问题。

纵观科技发展历程，凡是对人类生活方式和认识世界的思维方式产生重大影响，又能促进社会文明进步的科学发现、技术发明，都蕴含着真、善、美的高度统一，且与人文、艺术、社会、创新深度融合，是美的科技。科技呈现的美有隐性的和显性的，若以科学技术的自身属性即科学和技术，以及表现形式和蕴含的文化内涵来呈现科学美，则表现为科学美、技术美、艺术美和人文美。

（一）科技之科学美

科学美是存在于人类创造性的科学发明和发现活动中的美，是在人类审美心理、审美意识达到较高发展阶段，理论思维与审美意识交融、渗透的情况下，得以产生的愉悦体验。科学之美通常表现在研究对象具有美的特征，如遗传密码DNA的双螺旋结构和碳60（又称足球烯）的足球状分子结构。科学美与自然美一样，都源于客观的自然世界。自然美的表现形式多为外在的形象美，而科学美则主要表现为客观世界内在的和谐美。譬如通过深入的观察，将自然界本真的和谐、简单、新奇用科学方法总结归纳。一般而言，它是凭借数理逻辑领略的"真中求美"，有别于直接感知的"美中见真"。因此，有学者称科学美是"内在美"和"逻辑美"，具有"多样与和谐、简单与深刻、新奇与雅致"的特点。

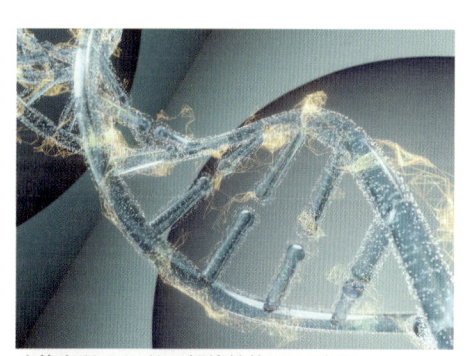

遗传密码DNA的双螺旋结构3D示意图

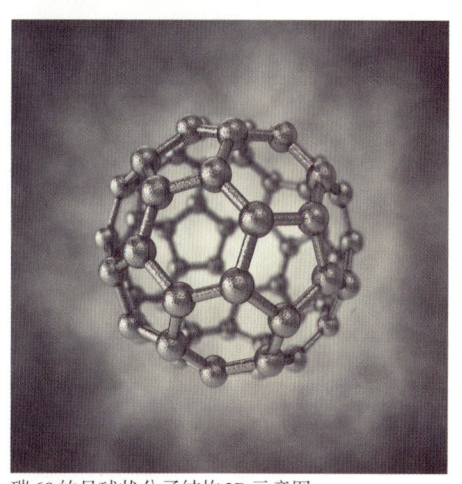

碳60的足球状分子结构3D示意图

1. 多样与和谐

科学史研究表明，宇宙的多样与和谐之美是宇宙的本真面貌，是在统一中演变出多样，在多样中求得统一，在多样统一中演化出大千世界的和谐美。

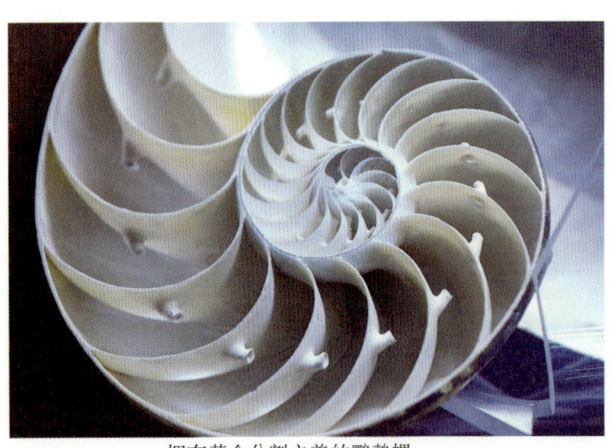

拥有黄金分割之美的鹦鹉螺

2. 简洁与深刻

科学上许多重要发现的伟大之处，大多是基于其内在逻辑的简洁与深刻之美。爱因斯坦的质能方程揭示了质量和能量的转换关系，像诗一样结构简单、形式优美、意境深邃，具有"极简主义"的美学特征。懂它的人感受到的是简洁与深刻，敬畏其技术的应用。科学所具有的简洁与深刻，最典型的莫过于数学之美，黄金分割便是美中之美。数学因其简单、精确、严格、完备、对称和统一，被誉为科学美中的"皇后"。在简单的数字变幻之中，蕴藏着复杂的深刻的美与应用，用数字构建的人工智能AI算法与应用，便是又一典型例证。

3. 新奇与雅致

有研究者认为，新奇和雅致是科学美有别于艺术美的重要特征，同时也是科学的审美标准之一。爱因斯坦的广义相对论，克里克和沃森发现的DNA双螺旋结构都是20世纪公认的新奇与雅致之美的研究典范。

（二）科技之技术美

通常认为，技术美是在创造性生产劳动中，产生的兼有实用价值和审美价值的产品所展现的美，是体验者将美的元素融入设计、生产、使用过程中所产生的愉悦美感。从设计的目的、技艺的综合、实用的功能等方面考量，技术美表现为设计美、技艺美和实用美。

1. 设计美

设计美是指产品设计之初目标明确，考虑未来用户的便捷及安全使用，同时关注生产加工制作过程中的环境友好，所带来的设计体验或产品呈现的形态与功能之美。大到宇宙飞船、远洋巨轮，小到日用家具、鼠标键盘都能够体现出设计美的特征。例如，高铁人本化的驾驶舱设计，在高科技中融入了生理学、心理学、人体工程学等学科知识，以达到视野宽广、安全舒适、操作便捷的设计目的和人本化的使用体验。

2. 技艺美

技艺本身就蕴含着美，是科技力和创造力的融合。智能手机集成了近百年科技飞速发展的成就，将照相机、电话机、录音机、收音机、导航仪、计算机、电

高铁驾驶舱实景图

视机等人类智慧发明创造的数十个产品的功能集成到智能终端，为使用者带来了视觉、听觉、触觉的审美新体验，是当代科技产品技艺美的集中展示，直接或间接地改变了人类的生活方式、交流方式和思维方式。

3. 实用美

实用美是技术实用功能的体现，有别于经典艺术追求的非实用性。本着"科技、智慧、绿色、节俭"特色，兼顾实用、经济、环保、美观的设计原则，运用水冰转换技术、BIM可视化信息建模技术、新材料制作技术等高科技手段，2022年国家游泳馆"水立方"华丽变身"冰立方"，完美演绎了现代建筑的科学、技术、创新、实用之美，再现美学的极简主义，让世界见证了中国建造的科技力量。

（三）科技之艺术美

科学和艺术是人类在长期进化和对自然观察模仿中积累迸发的智慧结晶。科学是理性的智慧，艺术是感性的智慧。科学需要艺术滋养，艺术也需要科学助力。科学和艺术用不同的形式追求真善美，艺术美是科技美最直观的表现。

电影或影视是现代科技与艺术结合的经典例证，是所有艺术门类中最具科技含量的艺术形式。电影的诞生源于视觉暂留原理的发现，和摄影、录音、新材料等技术的发明，与现代科技息息相关。电影融视觉听觉艺术于一体，展现科技的魅力，无时无刻不在冲击着审美的体验，大型节目的直播技术更是将科技的艺术魅力推向高峰。

北京冬奥会运用人工智能、虚拟仿真、合成软件、特技操作系统等现代科技手段，将科技、创意、艺术、文化完美融合，打造出了一个又一个恢宏壮美、空灵浪漫的"视觉、听觉、感觉、触觉"盛宴，是科技的艺术之美的全新展现。

（四）科技之人文美

人文美是科技美中更高层次的文化与精神之美。自20世纪以来，科学技术的迅猛发展，技术成果的飞速转化。关于科技的人文思考，科技的精神本质等哲学问题，愈发引起有识之士的深切关注，现实的困惑又愈加引发新的思考。

科技成果应用中蕴含的人文精神、道德伦理，将成为21世纪判断科技成就是否为美首要关切的问题。譬如核能、X-射线、基因编辑、人工智能等现代技术的应用，都需要本着敬畏自然、关爱生命的原则，以科学技术为载体，再现人类文明真、善、美的价值观，创造巨大的物质和精神财富，改善和提高生存质量，造福人类、保护自然环境、保护地球家园。

中国古代科技

追溯中国科技史，古代科技雏形始于夏商周的青铜时代，体系形成于春秋战国时期，至唐宋时期达到高峰。元明时期海洋门户进一步打开，与世界交流渐次频繁。在传播中华文化、文明和技艺的同时，不断吸收外来先进文化和技术，中国古代科技逐渐形成独有的体系。并在学术研究、农田水利、园林建筑等诸多领域都取得了一批影响近世科技进程的辉煌成就。

（一）科技著作

中国古代先贤为后世留下了丰厚的科技著作，以《梦溪笔谈》《本草纲目》《营造法式》《天工开物》等为代表的综合类、农医类、建筑类、工艺类著作影响深远，泽被后世。

综合类著作以北宋沈括《梦溪笔谈》为代表。这是沈括晚年撰写的一部涉及古代中国自然科学、工艺技术及社会历史现象的综合性笔记体巨著，价值非凡。全书共30卷，17目，凡609条，涉及天文学、数学、物理学、化学、地质学、气象学、地理学、农学和医学等门类，同时涉猎社会历史、军事利害、典制礼仪、赋役制度等人文社会学，是中国古代科技学术著作中最杰出的代表之一，英国科学史家李约瑟评价《梦溪笔谈》为"中国科学史上的里程碑"。

农医类著作在明朝达到鼎盛，以李时珍《本草纲目》、徐光启《农政全书》、吴有性《温疫论》为代表。其中，《本草纲目》是我国药学史上的重要里程碑，首创总目、凡例、附图的体例，全书共52卷，分16部，60类，190余万字，载有药物1 890余种，收集医方11 096个，绘制精美插图1 160幅，是本草学集大成之作，也是一部具有世界性影响的博物学著作。该书刊行后迅速流传，先后被译成日、朝、拉丁、英、法、德、俄等多国文字。达尔文在《物种起源》中多次引用《本草纲目》，称之为"中国古代的百科全书"，李约瑟称赞李时珍为"药物学界中之王子"。

《温疫论》是中国第一部系统研究急性传染病的医学书籍，是中医温病学发展史上具有划时代意义的标志性著作，是中医理论原创思维与临证实用新法的杰出体现，对当今治疗瘟疫和防止疫情传播仍有现实意义。

建筑类著作以宋代李诫《营造法式》和明末造园家计成的《园冶》为代表。《营造法式》是中国古代第一部官方颁布的建筑工程著作。《园冶》是中国第一本园林艺术理论专著，为后世的园林建造提供了理论框架，以及可供模仿的范本。"虽由人作，宛自天开"的建造思想是中国古代园林设计的纲要，也是当今评价园林艺术作品的重要准则。《园冶》"骈四骊六"的骈体文写作风格，也使其融造园技术、设计艺术和文学价值于一体。

工艺类著作以春秋战国时期的《考工记》和明末宋应星《天工开物》为代表。《考工记》是记述官营手工业各工种规范、制造工艺和一系列的生产管理和营建制度的文献，是目前发现的最早的关于手工业技术的文献，在中国科技史、工艺美术史和文化史上都占有重要地位。《天工开物》凡三卷十八篇，收录了农业、手工业（诸如机械、陶瓷、兵器、火药、纺织）等30多个行业130多项生产技术，是中国古代一部综合性的科学技术著作，被誉为"中国第一部关于农业和手工业生产技术的百科全书""中国17世纪的工艺百科全书"，推动了当时农业和手工业的发展，书中所彰显的天人合一思想、科技创新精神、科学研究方法、大国巧匠智慧，至今仍像灯塔一样，熠熠闪光。

其他如《天体运行论》《几何原本》等名著，则充分体现了中国古代科技与西方科技，东方文明与西方文明的碰撞与交融，为启蒙后世、走向近现代化奠定了基础。

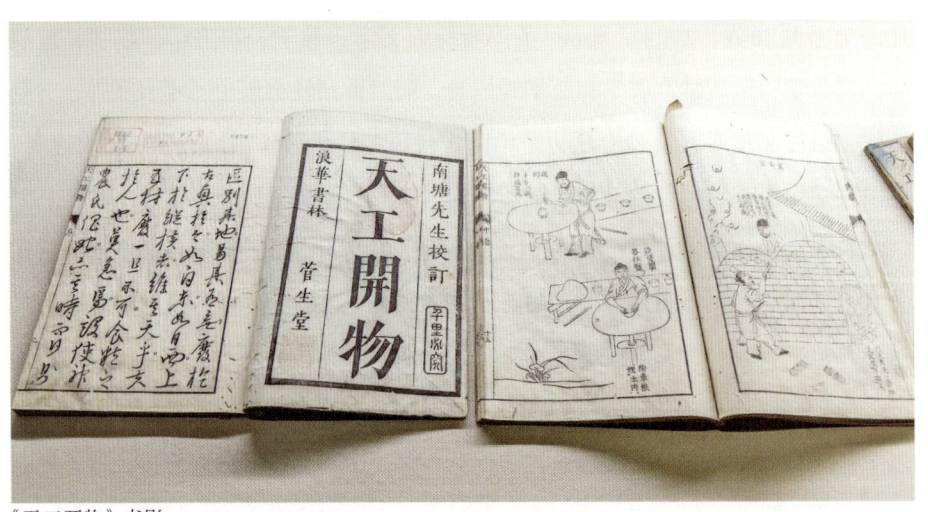

《天工开物》书影

(二)农田水利

中国古代以农业文明著称,农业的发展关乎整个社会经济的运行。历代无不将"水利灌溉、河防疏泛"列为首要工作。

中国古代大型水利工程以举世瞩目的、至今仍在泽被后世的京杭大运河和都江堰水利工程为代表。南北通航的京杭大运河,兼具灌溉与运输两利,是沟通中国南北水路交通的大动脉,是世界上最长、最古老的大运河。

美丽壮观的京杭大运河

除此之外,还有距今已2 200余年的广西壮族自治区兴安县境内的灵渠,是世界最古老的运河之一,享有"世界古代水利建筑明珠"的美誉。

(三)传统建筑

中国古代园林建筑以其特有的艺术风格和蕴含的人文山水自然意境之美,享有盛誉,独步世界园林建筑舞台,具有源远流长的独立发展体系。古代园林建筑的发展大致分为秦汉自然期、唐宋形成期、明清全盛期。

秦汉时期的园林建筑已从"囿"到"苑",从自然山林的原始状态日趋专门化。唐宋时期,建筑的木构架和斗拱技艺日趋成熟,制砖技术、砖石结构和拱券结构也有了新发展。明清时期,发明了"咫尺之间便觉万里之遥"的绘画技术,极大的丰富了造园技艺,此后辞章文学人文内涵的融入,将中国古典园林造园技艺和建筑艺术推向全盛时期。

气魄宏伟规划严整的唐代大明宫、北宋汴京都城的皇家建筑、明清两代皇宫皆为古代建筑艺术的典范。其中明清故宫是目前世界上现存建筑精美、形制完整、规模最大的皇家建筑群落。

近代以前,我国传统建筑以特有的木制斗拱结构为主,使用榫卯连接。相传榫卯是由工匠鼻祖鲁班发明,其弟子发扬光大的,是中国古代最伟大的木匠技艺。山西应县佛宫寺木塔,屹立近千年,是世界上现存最高的木塔。木塔结构设计科学合理，榫卯结合刚柔并济，其耗能减震的设计原理在某种程度上超越了现代建筑的减震设计水平，与意大利的比萨斜塔、巴黎埃菲尔铁塔并称"世界三大奇塔"。

在世界桥梁建筑史上，建于隋代的河北赵州桥是现存年代最久远、跨度最大、保存最完整的单孔坦弧敞肩石拱桥，首创"敞肩拱"结构形式，对后代桥梁建筑有着深远的影响，是我国对于世界桥梁建筑的又一重大贡献，也是古代建筑技艺美的展现。

总体上，中国古代科技发展比较注重实用，以经世致用的实学思想为主导。无论是以直接记载生产经验或直观描述自然现象为主的著述，还是以满足生存、生活需要的发明创造，多以师传徒的形式流传，经验性强、开放性小，以农耕文明为主要特征。较大规模转化为普遍生产力的技术成果较少，缺少系统理论和基础学科的支撑。

然而，从另一个视角分析，正是由于我们拥有领先世界的农耕文明，我们的先民才能在与自然的长期相处中，观察认识和了解自然，逐渐产生出人与自然和谐统一的宇宙观和天人合一的自然观、审美观，并将这种观念自然融入古代科技发明与创造中。而这种自然观、审美观恰与今天生态文明的绿色建筑观点一脉相承。

故宫建筑群落

应县佛宫寺木塔

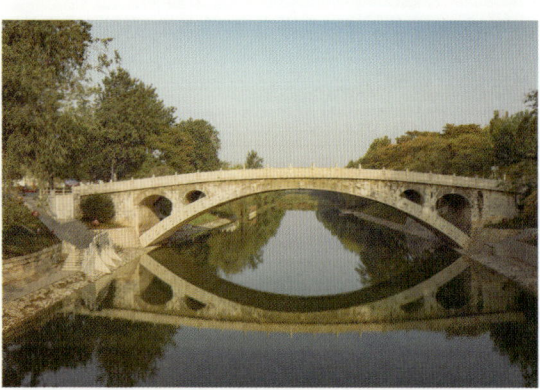

河北赵县伊河赵州桥

二 科技革命历程

科技革命是指在科学技术的引领和作用下，社会生产力发生的全面、深刻、根本性的变革。科技革命始于18世纪中叶，迄今大约已经历了五次。每一次技术革命都带来了社会生产力的飞跃发展，人类生产及生活方式的重大变革。

第一次科技革命发生在18世纪60年代—19世纪中期，以蒸汽机的发明和使用为主要标志，大机器生产成为工业生产的主要方式，又被称为"工业革命"。率先完成工业革命的西欧国家，因巨大生产力的创造和释放，社会面貌随之发生了翻天覆地的变化，逐步确立起对世界格局的统治，形成了西方科技先进的态势。

第二次科技革命发生在19世纪末20世纪初，以电力的发明为标志，又被称为"电气化时代"。自西门子发明发电机、格拉姆发明电动机、卡尔本茨发明内燃机之后，电灯、电话、无线电报、电车、电影放映机等电器和汽车、飞机等相继被发明。电器开始逐渐取代机器，电力成为新能源，社会生产力又一次得到迅猛发展。

第三次科技革命发生在20世纪四五十年代，以原子能利用、电子计算机的发明、空间技术的发展为主要标志。"二战"及战后各国对高科技迫切的需要，直接推动了计算机、能源、新材料、空间、生物等新兴技术的诞生。

第四次科技革命出现在20世纪中后期，以信息技术、新材料、新能源、生物工程、海洋工程等高科技为标志，推动了人类社会由工业经济形态向信息社会或知识经济形态的过渡。人们普遍认为发展新能源是核心任务，开发生物技术是重点。

第五次科技革命出现在20世纪末与21世纪之交，以信息通信技术为标志。电子技术、信息技术、互联网技术的普及应用开启了第五次科技革命之门。机器人时代的到来，将加速人类生活方式、思维方式的又一次重大变革。

与此同时第六次科技革命也正悄悄向我们走来，从科学视角观之，"新生物学革命"即将到来；从技术视角观之，"创生和再生革命"即将到来；从产业视角观之，"仿生和再生革命"即将到来；从文明视角观之，"再生和永生革命"即将到来。

互联网时代的现代网络服务器

三　科技改变世界

有个形象的比喻，第一次工业革命让世界动起来，第二次工业革命让世界亮起来，第三次工业革命让世界连起来。随着科技革命的影响，信息技术、大数据技术、互联网技术的推广应用，第三产业的比重不断上升，人类衣食住行等日常生活发生了重大变革。地球变为村，月球变友邻。随着第三次工业革命的深入推进和两极格局的终结，世界再难分割，经济贸易往来日益密切。经济全球化的趋势也越来越强，科技革命对世界的影响和改变愈发深入、愈加显著。

纵观科技革命历程，每一次科技革命都极大地释放了人类社会蕴藏的潜能，促进了社会生产力的提升，促使社会经济和社会生活结构发生根本性变革，改变着世界的面貌和格局，改变着人类的生产、生活和思维方式。影响着人类文明的进程、文化的交流、传播和审美方式的变革。

紧跟第五次科技革命的步伐，我们已拥有众多具有自主知识产权的科学新技术，研发了基于大数据应用、互联网技术的智能医疗系统、无人驾驶技术、智慧学习平台等新科技。这些新的技术已逐渐渗透到日常生活的方方面面，新时代新科技带来的震撼和人们对美好生活的体验，远非于此。

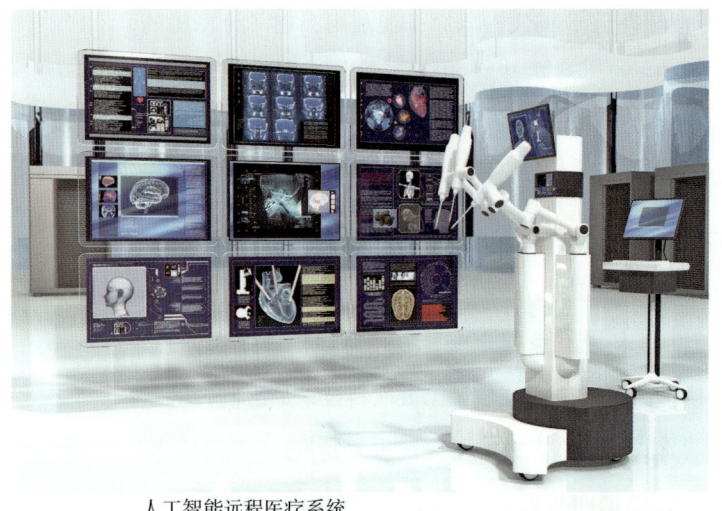

人工智能远程医疗系统

自动驾驶示意图

即将到来的第六次科技革命将产生更为深刻的变革，数字化赋能的新技术革命将为中国科技提供难得的机遇和高起点的发展平台。因此，我们必须做好准备，迎接挑战，担负起培育高素质技术技能人才和大国工匠的重任，在第六次科技革命中展现风姿、施展才华是时代赋予青年学子的使命与荣光。

四 科技开创未来

人类有许多梦想，飞天是最美、最浪漫的梦想之一。早在一千多年前，我国古代奇书《述异记》就记载有"鲁班刻木为鹤，一飞七百里"的飞天传说。《墨子·鲁问》记载有"公输子削竹木以为鹊，成而飞之，三日不下，公输子自以为至巧"的"造木鸢"的故事。千百年来，为了美丽的传说、神秘的苍穹，人类一直有飞上蓝天、飞向太空的梦想。人类的好奇心也在不断地驱动着技术的发明、科学的发现、科技的进步。

直到近代，工业革命的兴起，科技的迅猛发展，科技成果的广泛应用，使人类的梦想不再遥远。科技实现梦想，科技改变世界，科技让生活变得更美好。

汽车、轮船、高铁、飞机，电视、电话、手机、电脑等现代科技产品的发明和应用，变天涯为咫尺，"千里江陵一日还"已成寻常。通信卫星的发射、遥感技术的应用，让人类拥了"顺风耳"和"千里眼"，"坐地日行八万里，巡天遥看一江河"也再非遥远的梦想。

当以传承千年的浪漫神话命名的"嫦娥探月工程"，开启中国人的"逐月之旅"时，当中国成功发射"嫦娥一号"，成为世界上第五个成功发射月球探测器的国家时，当一个个传说渐渐化为现实的奇迹时，暗物质粒子探测卫星"悟空"、量子实验卫星"墨子"、全球低轨卫星系统"鸿雁"、全球卫星定位系统"北斗"、太阳监测卫星"夸父计划"等一系列现代科技成果携手神话向我们走来时，中国古典文化在科技的迭代更新中焕发出了勃勃生机，古老的神话唤醒了无数年轻人对科技的神往。

当历史的车轮迈入21世纪，以信息技术、生物技术、光电技术、纳米技术等为代表的高新技术正在迅速崛起和普及应用。从宏观到中观到微观，从陆地到海洋到星空，当新的技术革命不断地改变着刷新着人类对自然和宇宙的认知，带来了人类生产方式、生活方式、思维方式等前所未有的巨变时，科技不仅实现了前人的梦想，而且创造了更大的梦想，开创和引领着未来。

惠泽千秋 古代水利之美

美的欣赏

都江堰水利工程鱼嘴分水堤

　　都江堰是战国时期秦国蜀郡太守李冰主持修建的，是当今世界年代最久远、唯一留存的以无坝引水为特征的宏大水利工程。工程设计以充分利用和保护自然资源、造福人类为前提，科学又巧妙地解决了水利工程中江水自动分流、自动排沙、自控流量等技术难题，消除水患，灌溉农田，变害为利。

　　都江堰建造完成后，成都平原从此"水旱从人，不知饥馑，沃野千里，世号陆海，谓远府也"。都江堰的修建，开创了中国古代水利史上的新纪元，是中国古代科技文化划时代的杰作。与之兴建时间大致相当的古埃及和古巴比伦的灌溉系统，都因沧海变迁而湮没在历史的长河中。唯有都江堰独树一帜地成为一个科学、完整、极富发展潜力的庞大水利工程体系，巧夺天工、造福千年、惠泽未来，是世界水利史上利用自然而不破坏自然的典范。

　　都江堰水利工程的伟大不仅在于经久不衰的建堰修堰史和历久弥新的社会功效，更在于因势利导、顺应自然、保护环境、人与自然和谐共生的生态保护观。"盈盈一水隔，兀兀二山分。断涧流红叶，空潭起白云"，都江堰始终闪耀着古代科技艺术和现代科技文明的交相辉映，呈现着自然之美。

天圆地方
——现代建筑之美

游泳馆"水立方"与体育馆"鸟巢"相辉映

建筑是凝固的音乐，音乐是流动的建筑。现代建筑是科技的产物，除了建筑形象能给人以视觉上巨大的震撼，在精神上也能给人以感染。如亲切与庄严，朴素与华贵，秀丽与宏伟等美的满足和愉悦。现代建筑较之以坚固实用为要素的传统建筑，则更多地赋予了建筑象形会意的人文内涵。

孟子曰："离娄之明、公输子之巧，不以规矩，不能成方圆。"天圆地方，没有规矩、不成方圆的中华优秀传统文化理念，恰与现代奥运的体育竞技规则相契合，以此催生了中国奥运会标志是建筑象形会意的设计理念。

圆形"鸟巢"状的国家体育馆和立方形的国家游泳馆，这两个形态迥异的建筑，一路之隔，遥相呼应。一圆一方、一红一蓝、一阳刚一阴柔，在视觉上产生了富有强烈冲击力的对比映衬、微妙均衡、和谐统一的美。

游泳馆"水立方"的方形设计，和远观如蓝色透明冰型的"方盒子"膜结构设计，是中国古代城市建筑最基本的形态，展现了中华传统建筑的基本形态和象形会意的文化内涵，"上善若水"，水利万物而不争，中华传统文化和现代建筑设计巧妙地融合，完美展现了游泳馆水上和冰上运动的多功能要求。

现代奥运建筑不仅是高科技的杰作，更是集审美、实用文化于一体的艺术展现，是通过与时俱进创新的设计理念、不同风格的建筑材料和智能化技术手段协作完成的艺术作品。不仅具有技术创新设计美、艺术美的特征，更具有与人类密不可分的社会美和生态美的内涵和意义。

现代建筑和古代建筑一样，同样是历史和文化的缩影，反映了特定历史时期的社会风貌。透过建筑作品，我们可以更加深刻和形象地看到一个时代、一个国家的文化、科技和文明。北京奥运建筑昭示着中国建筑设计师正在阔步走向世界舞台，讲述中国建筑科技和艺术的故事。

星辰大海 航天科技之美

航拍鸟瞰上海浦东风光

　　人类自从有了思维，飞天的梦想从未停歇。仰望星空，星辰大海，奔月嫦娥，飞向蓝天，人们对神秘太空的无限遐想、对飞翔的渴望逐渐演变成一个又一个美妙的传说。

　　今天，我国已拥有了火箭运载并卫星发射、安全着陆及返航等许多具有自主产权的航天技术，拥有了更多的太空时代话语权。伴随着航天技术的应用，卫星和航拍技术的普及，人类现在已经拥有了更高能力、更广视野，可以鸟瞰地球，鸟瞰世界各地，鸟瞰我们美丽的家园，欣赏自然的杰作和科技创造的美丽新生活。千年来向往的"九天揽月""手摘星辰"的古老飞天梦早已成为现实。

　　中国航天事业开拓的探月工程、载人航天工程，作为一个民族勇于探索、敢于超越的重要标志，业已成为我国航天事业和科技发展新的里程碑。中国航天人在与世界发达国家同台竞技，共同引领世界科技前沿的时候，不仅向世界展示了中国人的探索与创造能力，也向世界展示了中华文化的生生不息，中华文明在21世纪的今天依然闪烁着文明之光。走进中华文明，与航天人一起找寻古代祖先的科技梦想与现代科技的渊源同根。在航天人浪漫的家国情怀里，欣赏美在文化、美在文明、美在创新的航天科技之美。

御日羲和 未来能源之美

太阳是万物生长之源,没有太阳,地球上的一切生命都将消亡。因此,无论东方还是西方,自古以来,都有膜拜太阳的文化传统。相传,羲和是上古时期的太阳女神,是太阳之母,是人类光明的缔造者,是太阳崇拜中至高无上的神。《山海经》中记载了许多关于太阳的故事,羲和御日、后羿射日、夸父逐日等。太阳普照,万物欣荣,为人类带来温暖、光明和源源不断的能源。然而,在一年四季周而复始的寒冬和暗夜中,怎样才能留住太阳、留住光明、留住温暖呢?

远古的人类发现了最原始的能源——自然的火种,学会使用并驾驭了它,这是人类在进化中有别于其他物种,成为有智识高等生物种群的最重要的标志之一。又经过了千万年的进化,到了18世纪中叶,蒸汽机的发明催生了第一次工业革命。其核心就是能源转换的革命,煤炭作为新能源取代了木炭作为火种的旧能源。人类从农业文明走向工业文明,迎来了现代化黎明的曙光。

19世纪中叶20世纪初,石油的发现和电的发明,催生了第二次工业革命。它的核心是石油和电作为新能源逐步取代煤炭能源,成为经济和社会发展的强大驱动力,人类从工业文明走向后工业文明、生态文明时代。然而,由于煤炭石化能源的过度开采,引发了一系列环境问题,和即将枯竭且不可再生的煤炭石化能源危机。人类被迫放慢向自然无度索取的步伐,开始思考如何回归自然、如何与大自然再度和谐共处。

风光互补光伏太阳能发电

草原牧场光伏发电

    寻找新能源替代煤炭石化能源，已然成为21世纪科技革命和第三次工业革命的核心与尖端课题。太阳能是目前已知最清洁、最安全可靠的能源。光伏发电是目前已掌握的利用太阳能最成熟的技术，如今生活中随处可见的在屋顶、山地、渔场、牧场和戈壁滩上的光伏太阳能板和光伏电站，不仅为人类提供了清洁电能，也形成了一道道美丽的风景线。

    戈壁滩上的光伏电站，最为引人瞩目的是"超级镜子发电站"——敦煌100兆瓦熔盐塔式光热电站。电站内的1.2万多面定日镜如向日葵般精准追逐太阳，将光反射到260米高的中央集热塔上，集热塔吸收存储太阳能，并将之转化为电能。塔顶形成的璀璨光点，仿佛种下了无数的"太阳"，点亮了荒漠的戈壁，成就了"夸父"的千年"逐日"梦。

    光伏发电虽然成熟，但远远不足以解决能源问题。能源危机依然迫在眉睫，寻找没有污染又可持续和平利用的新能源，是21世纪能源革命、科技革命、工业革命的核心问题。太阳释放的能量，穿过无垠的太空，洒向地球的光和热，仿佛取之不尽用之不竭。人类能否再造一个太阳，一劳永逸解决人类未来的能源问题？通往人类终极能源的大门又在哪里？

    研究发现，太阳孕育万物的能量来自核聚变反应产生的能量。人类若想再造一个"太阳"，就需模拟太阳的核聚变反应，发光发热释放能量。而覆盖地球表面四分之三的海水，能够作为原料模拟核聚变反应。有趣的是，核聚变的产物惰性气体氦，无毒无害，非常环保。科幻电影《流浪地球》中人类就建造了一个

"人造太阳",作为行星发动机的能源,推着地球一直前行。《复仇者联盟》钢铁侠胸口的能量方舟反应堆,也是科幻片中常见的浓缩版的"人造太阳"发电站。

"人造太阳"作为未来能源,离我们并非遥不可及。2021年10月14日,中国首颗太阳探测科学技术试验卫星"羲和号"成功发射。开启了我国空间科学和空间技术的新纪元,开启了探索太阳的缘起与能量爆发和传递奥妙的新征程,开启了寻求解决人类未来生存和发展所需终极能源的漫漫求索之路。

"效法羲和驭天马,志在长空牧群星。"航天人把浓浓的中华文化情结与现代科技相融合。御日羲和送光明,未来能源是来自太阳的。清洁、绿色、温暖和光明,是太阳女神送给人间最美的礼物。

敦煌100兆瓦熔盐塔式光热电站

美的视窗

话题探讨

请阅读下面有关"人工智能"及《新一代人工智能伦理规范》的相关介绍,然后参与话题讨论。

人工智能不仅是20世纪,同时也是21世纪三大尖端技术之一,是高度综合又极富挑战和争议的学科。当国际商业机器(IBM)公司"深蓝"电脑击败了人类世界国际象棋冠军时,不仅标志着"人工智能"这门新兴学科的正式诞生,更是人工智能技术的一个完美表现。至此人工智能快速发展,日渐走进人类生活,智能购物、智能调度、智能预测、智能导航、智能医疗等,从衣食住行各个领域改变着人类生活,给人类带来高效、便捷、现代和高质量的美好生活体验。

随着人工智能技术蓬勃发展,国家新一代人工智能治理专业委员会发布了《新一代人工智能伦理规范》,旨在将伦理融入人工智能全生命周期,为从事人工智能相关活动的自然人、法人和其他相关机构等提供伦理指引,促进人工智能健康发展。

请阅读《新一代人工智能伦理规范》一文,并从科学、技术、艺术、人文的视角,思考:人工智能技术是一把双刃剑吗?人工智能是否正在颠覆人类社会的思维方式,未来机器人真的能思考吗?机器学习大潮来临,人类的学习和思考能力是否会被机器替代?人工智能将会对社会和产业结构带来什么变革?我们应该怎样应对和迎接未来的人工智能时代?

拓展阅读

未来学家罗伊·泽扎纳在《未来生活简史》一书中,预测未来将发生个性化制造革命、智能革命和生物革命三场科技革命,将翻天覆且深刻持久地影响并改变人类的工作、生活和思维方式。

以3D打印技术为核心的个性化制造革命将把制造能力从大型工厂那里转移至普通大众,进一步提升材料利用率和人类的创造力;以人工智能为核心的智能革命,计算机开始模仿人类的部分语言和思维能力,以基因编辑技术为核心的生物革命等一系列革命性技术的出现,将颠覆现在已有的认知和思维模式。以期让人类变得更健康、更睿智、更美好。

请阅读《未来生活简史》并思考:面对未来科技,人类的价值观是什么?和平、包容、对话、人道、关爱,是否始终扮演积极的正面的角色?科技发展对人类社会产生的影响,是否始终引领人类走向更高的文明?科技造福人类,是人类所追求的科技之美的永恒目标吗?

科技改变世界，科技让生活更美好

科技美的产生是伴随着科学技术的发展和应用而产生的。因此，科技美的体验在于过程的参与。只有沉浸其中，才能真正感受领略科学发现、技术发明、科技应用过程中产生的认识世界、改造世界、愉悦自身和造福他人的美。要成为一个拥有高超技术技能的大国工匠，需要置身其内，感悟科技创造发现发明的过程之美以及科技创造美好生活的应用之美、艺术之美和人文之美。

1. 体验主题：走进科技馆　感悟科技美

2. 体验目标：感受科学原理的美妙，体悟技术应用的巨变；探秘精巧机器的神奇，体会世间生命的多彩；领略先哲探究的历程，放飞科技创新的梦想。

3. 体验过程：

科技馆参观流程		
第一步	参观攻略准备	用手机或电脑查阅相关资料，譬如科技馆的建馆历程、设计寓意、展厅规划、主题展馆等
第二步	选择主题展厅	如中国科技馆主展厅有"科学乐园""华夏之光""探索与发现""科技与生活""挑战与未来"等展馆；广东科学中心主展厅有"飞天之梦""感知与思维""交通世界""绿色家园""人与健康""实验与发现""数字乐园"等展馆
第三步	沉浸探索发现	选择1~2个感兴趣的主题馆，置身其内，融入其中，感悟科技之美

4. 体验成果：请以"科技改变世界，科技让生活更美好"为题，用发现美的眼睛观察、用感知美的心灵存储、用传承美的文字记录你感悟到的科技美。

秩序美

专题七

美的导航

　　无论是在自然界还是人类社会，秩序美无处不在。孟子说："不以规矩，不能成方圆。"波兰作家莱蒙特说："世界上的一切都必须按照一定的规矩秩序各就各位。"离开了秩序，一切将陷于混乱，美也就无从谈起。

　　感受、欣赏和遵守秩序，从中发现大自然和社会生活中的秩序美，能够让我们的生活变得更加美好。

蜜蜂与蜂巢

中国传统纹样

一、秩序美的内涵

秩序美是存在于自然界和人类生活中的一种形式美。它是通过事物有规律地重复、变化而形成的一种美感,也是音乐、美术、设计等艺术创作的形式美规律之一。

二、秩序美的属性

(一)自然属性

秩序美来源于自然。自然界的季节更替、万物生长是有序的,斗转星移、潮起潮落、草木枯荣、候鸟迁徙等现象都有其自身的规律。人类不断发现并掌握自然规律,加深对自然的认识,并逐步利用规律改造自然,与自然和谐相处。

曾经有人做过这样一个实验:100个节拍器同时发声会非常吵,但是到了30秒的时候,节拍器的节奏频率开始出现统一,最神奇的是1分钟之后,这100个节拍器竟然全部整整齐齐地同步了。在自然科学中,这种现象叫"共振""共鸣"现象。节拍器开始的30秒无序地发声,不但非常吵,而且非常乱,但当它们互相影响,就会像朋友一样,彼此调整频率使之趋同,在1分钟之后整整齐齐地达到同步。它们并非有了人类的感情、动物的默契、植物进化的选择,更没有彼此商量,原因在于共振最省力、最有效率。因此,无论动物界还是植物界,都体现着秩序的作用和重要性。

(二)社会属性

相对于自然界自然形成的美,人类创造了社会生活中的秩序美。美也就具有

了社会属性。人类在社会生活的方方面面，赋予其秩序的美感。无论是半坡遗址出土的陶罐上规律的线条和三角形，还是故宫层次分明、主次有序的建筑布局，都体现出了人类对秩序的尊崇。

在不同的历史时期，依据一定的秩序，人类在社会生活中形成不同的社会组织。在社会组织中，各个成员形成不同的分工。通过制定规则，约束社会成员的行为，逐渐形成了稳定的政治秩序、经济秩序、伦理秩序、日常生活秩序等。从个人的言行举止、家庭的家规家风，到社会的伦理道德、国家的法律法规，无不体现着秩序的美感。

半坡遗址出土的陶罐

三、秩序美的原则

（一）平衡与对称

平衡是秩序美中一种常见的形式。平衡又称均衡，体现了力学原则。平衡中的上与下、左与右、重量、面积、色彩、对立的两个方面或相关的几个方面在数量或质量上均等或大致均等，形成稳定而平衡的状态。平衡具有极强的稳定性和庄严的审美特征，在古代文化中这一形式应用得十分普遍。

对称是指将事物以中轴线为中心分成相等两部分的对应关系，如自然界中人的双眼、双耳或鸟虫的双翼、双翅。对称给人以稳定、沉静、端庄、大方的感觉，产生秩序、理性、高贵、静穆的美。

平衡与对称是不同的。平衡状态具有不规则性和运动感，是一种自由生动的结构形式。对称则端庄静穆，有统一感、韵律感。二者也可以有机地结合起来灵活运用。

平衡之美

（二）对比与调和

对比是指将不同的质量或者数量形成的强和弱、大和小等反差的事物放置在一起时产生的区别和差异。这种区别和差异，由于互相刺激而加强了各自特性，也使事物的个性比单独存在时更明显，即大的更显大、小的更显小，起到了使形象更加突出的效果。

比较常见的对比手法有：虚与实、动与静、远与近、冷与暖、明与暗、繁与简、疏与密、主与次、轻与重、刚与柔、大与小、高

对称之美

与低、长与短、粗与细、曲与直、强与弱、黑与白、冷与暖等。运用对比手法，应以对比方的某一方面为主，形成对比的冲突点，起到画龙点睛之妙。

调和是各种要素之间能够适合、安定、和谐一致的配合，能够给人以美感。调和强调的是近似性，即两者或两个以上的元素同时存在时，相互之间必须具有共性。或占有绝对优势的某种元素统辖整体，使对比性元素居于从属地位，二者之间的矛盾较为缓和，取得协调一致的效果。

调和之美

比较常见的调和有：色彩的调和、线条的调和、造型的调和、方向的调和、特征的调和、质感的调和、曲调的调和等。调和通过对各个元素进行适当的排列，更能体现出秩序的美感。

当对比和调和构成元素共同存在时，如果成像差距过大，就是对比。如果两种构成元素相近，则对比刺激变小，产生的共同秩序则使两者达到调和的状态。例如黑与白是对比，而存在于其间的灰色便是两者的调和色。假若只有对比而缺少调和，就会缺少秩序和安定的美感。

对比之美

（三）节奏与韵律

高度、宽度、深度、时间等多维空间内有规律的阶段性变化称为节奏。它运用反复、对应等形式把各种变化因素加以组织，构成前后连贯的有序整体。音乐靠节拍体现节奏，绘画通过线条、形状和色彩体现节奏。节奏往往呈现一种秩序美。

韵律是构成系统各元素进行规律重复的一种属性，韵律可使各元素之间比例均衡、错落有致、和谐统一，产生出

节奏之美

韵律之美

统一之美

远近变化之美

强烈的美的魅力。韵律的各元素按照一定比例反复出现产生运动感。韵律的变化是循序渐进的，强调的是变化的过程。例如：在建筑艺术中，长城逶迤蜿蜒的律动，表现出矫健雄浑、虎踞龙盘的韵律之美；天坛层层叠叠，表现出不断升腾、通达上天的韵律之美。

（四）统一与变化

统一与变化是秩序美的高级形式。统一之美，是某种元素占绝对优势的比重，各元素总体风格具有一致性、整体感。变化之美，是某种元素占较小比重的一种形态，多样变化可使事物生动、丰富而有层次感。统一是主导，变化是从属。过分追求统一，则容易单调、死板；过分追求变化，则可能杂乱无章，失去整体感。

一、远古时代的秩序美

在人类产生之前，动物的条件反射把本不相关的事物联系起来。如草履虫遇到障碍物会转弯，这样，"障碍物"和"转弯"就被草履虫联系起来了。生物为了生存，发展出了寻找规律的本能，这就是秩序感的雏形。

人类通过生存竞争和劳动不断社会化，在长久的社会化中，秩序积淀在人类的潜意识里。这种潜意识融入了人类的集体无意识，进而融入了人们的审美，形成秩序感。秩序感在人与自然的斗争和共生中一步一步由潜在意识发展成为人类的审美要求，最终形成人们对于艺术的一种内在要求——秩序美。

大至宏观世界，小至微观世界，世间万物都遵循着严格的规律，表现着美妙的秩序美。结队南飞的大雁是美的，因为它们体现着秩序；协作筑巢的蜜蜂是美的，因为它们体现着秩序，这些不仅让人赞叹，更给人以美感。

原始社会是人类历史上第一个社会形态。它存在了二三百万年，是截至目前人类历史上最长的一个社会发展阶段。生产力极其低下是原始社会发展缓慢的根本原因。传说，中国的原始社会经历了有巢氏、燧人氏、伏羲氏、神农氏等时代，后来炎帝和黄帝成为共主。原始社会的人类除了建立社会秩序，在艺术方面也已经有了对秩序美的追求，比如彩陶之美。

陶器是人类最早改变物质形态的一种创造，在人类社会发展史上具有重要的意义。陶器的出现不仅提升了人们的生活质量，也带动了工艺美术的发展。彩陶发源于距今约10 000年前的新石器时代。彩陶需要在打磨光滑的橙红色陶坯上，以天然的矿物质颜料进行描绘，用赭石和氧化锰作为呈色元素，然后入窑烧制。在橙红色的胎体上呈现出赭红、黑、白多种颜色的美丽图案，纹样与器物造型高度统一，达到装饰美化的效果。关中地区大约在公元前6 000年的老官台文化时期就有了较发达的制陶技术，有个别钵形器口沿装饰一条宽彩带，这是彩陶的萌芽。在公元前5 000年的西安半坡村仰韶文化遗址中，发现了很多精美的彩陶，这表明在半坡时期，人们已经能熟练地控制窑温，并且彩绘艺术也达到了很高的水平。原始社会的彩陶艺术具有生动活泼、淳朴自然的美学风貌。同时，彩陶也体现了中国原始社会人类最成功的装饰艺术手法。彩陶艺术中融合了先民的各种创作思想、风格、语言，这些风格各异而又多姿多彩的艺术珍品是不可多得的文化瑰宝。

二 古代社会对秩序美的发展

原始社会中社会秩序的形成源于自发形成的风俗习惯，这种风俗习惯被全体成员自觉维护。原始社会之后的各种社会形态、社会秩序主要是凭借国家权力，即通过强制的手段得以维护。奴隶社会以奴隶主占有奴隶的人身自由，实行超经济奴役为主要特征。随着奴隶与奴隶主之间的矛盾和斗争日趋激烈，作为奴隶主阶级镇压奴隶和其他被剥削者工具的奴隶制国家应运而生。在封建社会，地主阶级凭借封建土地所有制统治其他阶级。在古代社会秩序不断发展的过程中，由于阶级剥削和阶级压迫的存在，从现实生活的层面来看，等级森严的社会秩序对于广大劳动人民而言，毫无美感。然而，因阶级的分化、社会的分工，文学艺术得到极大的发展和繁荣，秩序美在作为人类社会实践生活发展成果和形象表现的文学艺术中得到了鲜明体现。

青铜器是中华民族的重要文化遗产之一，也是世界文物的瑰宝。青铜器在我国历史悠久，绚丽璀璨，在艺术科学方面具有极高的研究价值。

甘肃马家窑文化遗址出土的单刃青铜刀是已知的中国最古老的青铜器，也是世界上最古老的青铜刀。经碳14鉴定距今约5 000年。此刀长12.5厘米，没有槽

马家窑文化青铜刀（前3280—前2740）（被称为"中华第一刀"）

及环首等成熟的后世刀具才有的部件，在刀具形成史上具有典型的代表意义。

随着原始社会的发展，鼎由最初烧煮食物的炊具逐步演变为一种礼器，成为权力与财富的象征。鼎的多少，反映了地位的高低；鼎的轻重，标志着权力的大小。商周时期的青铜器形成了独特的造型系列：容器、乐器、兵器、车马器等。青铜器上布满了饕餮纹、夔纹或人形与兽面结合的纹饰，形成神灵的图纹，反映了人类从原始的愚昧状态向文明的一种过渡。

青铜器《毛公鼎》（西周）

先秦文学是中国文学的光辉起点，跨越原始社会、奴隶社会和早期封建社会三种社会形态，这一时期的文学家、文学作品数不胜数，并且在诸子百家的精神深处都有一个理性的存在。

先秦文学是中国古代文学发生发展的最早阶段，包括秦代以前各个历史时期的文学，其主体部分是成熟的周代书面文学，尤其是春秋战国时代的文学。先秦时期文学作品的思想性和艺术性大部分都体现了华夏范围内由分裂到寻求统一的基本时代特征。面对旧制度的日益式微、旧秩序的日益破坏、日益频繁的兼并战争，诸子百家纷纷奔走呼号，竞相探寻最适合的表达方式和最精妙的语言技巧，从而形成独特的审美情趣。在这一阶段产生了很多优秀作品，有成为我国古代文学先导的古代神话和古代歌谣，有标志着我国文学光辉起点的《诗经》，有作为后代史传体文学和小说、戏剧滥觞的历史散文，有体现战国时代百家争鸣的诸子散文，有我国寓言文学鼻祖的先秦寓言，有光耀千古的浪漫主义杰作《楚辞》等。先秦文学的形态，一方面是文史哲不分，另一方面是诗乐舞结合，这种混沌的秩序成为先秦文学的一大景观。丰富多彩、璀璨夺目的先秦文学奠定了我国两千余年文学发展的坚实基础。

唐代全盛时在文化、政治、经济、外交等方面都达到了很高的成就，最令人瞩目的文学成就就是有着盛唐气象风格特征的唐诗。唐代开元年间是唐诗的全盛时期，唐诗经过一百多年的准备和酝酿，至此终于达到了全盛的高峰。盛唐诗歌与前代相比，在题材、风格、体裁等方面都有了新的特点。有王维、孟浩然、李白、杜甫、高适、岑参等著名诗人，留下了许多脍炙人口、广为传诵的诗篇。如被闻一多先生誉为"以孤篇压倒全唐"的张若虚《春江花月夜》，为初唐诗坛带来了全新的气象。热情洋溢、豪迈奔放、浓烈浪漫，是盛唐诗歌的主要特征，即使是恬静优美之作，同样生气弥漫、光彩熠熠。

《春江花月夜》朗诵

宋元山水画在中国山水画历史上占有举足轻重的地位，宋元山水画倾向自然，侧重"真"和"实"，提倡山水画的写实风格。代表画家有范宽、马远、郭熙、"元四家"等。宋元时期的山水画成就巨大，审美特征独特，展现出的情感丰富细腻、多姿多彩。

宋元山水画不管在理论上还是实践上，都为中国艺术的发展增添了浓墨重彩的一笔，是中国艺术的瑰宝。宋元山水画独特的审美意境为我们提供了源源不断的灵感，宋元山水画中的构图样式、空间格局、虚实处理、色彩运用等，构成了其独特的秩序美。

（一）古代书法的秩序美

书法是以汉字为对象的书写艺术，汉字之形源于自然，是先民仰观天象、俯察鸟兽的结果。所以，汉字的形体具有美感，是构成书法美的重要因素。由于汉字起源于象形，象形又丰富了书法艺术的美感，二者相辅相成、相互契

绢本墨笔画《谿山行旅图》（范宽，北宋）

合。汉字关注的是线条组合所具有的符号意义，书法关注的则是线条中所蕴含的审美意义，这种朦胧的审美意识被真正自觉地意识到，是在魏晋时期。这一时期，书法史上出现了一个重要现象，即家族间的师承传授。书法世家的出现，标志着以审美风格追求为主要特征的书法发展到了一个新境界。中国独特的笔墨纸砚、柔软的笔毫可以表现出万千物象的生动意态……久而久之，形成了书法的秩序美。

书法的秩序美，必然存在美的一般原理和基本原则。书法有和谐的架构、结构的规律、丰富的形象。书法家是借着汉字的形体结构和点画线条，在一个个有秩序的汉字书写中，通过线条的跌宕起伏和抑扬顿挫，利用有秩序的结构、自由流畅的线条，把源自人生命中的那种力量和气势表达出来。书法是书法家融自然万象于一线，在此基础上又熔铸了自身的思想、心灵和情趣，使得线条具有流动性、节奏性和生命性。中国传统美学认为，审美活动就是要在物理世界之外，建

行书作品《寒食帖》（苏轼，北宋）

构一个情景交融的意象世界，这个意象之地就是美的发生之地。在此期间，书法的秩序美也体现得淋漓尽致，传递着自然之美和精神之美。

（二）古代音乐的秩序美

人类社会究竟从什么时候开始有了音乐，已经无法考察。但是早在人类还没有产生语言时，就已经知道利用声音的强弱等来表达自己的意思和感情。随着人类劳动的发展，统一劳动节奏的号子和相互间传递信息的呼喊逐渐产生。人们庆贺收获和分享劳动成果时，往往敲打石器、木器以表达喜悦、欢乐之情。这便是最原始的音乐雏形。

古代音、乐有别。《礼记·乐记》记载，"凡音之起，由人心生也。人心之动，物使之然也，感于物而动，故形于声。声相应，故生变，变成方，谓之音。比音而乐之，及干戚、羽旄，谓之乐"。后世所称"音乐"，指用有组织的乐音表达人们的思想感情、反映社会生活的一种艺术。《三国志·吴书·周瑜鲁肃吕蒙传第九》记载，"瑜少精意于音乐，虽三爵之后，其有阙误，瑜必知之，知之必顾"。

音乐美是指以声音为物质媒介诉诸听觉的艺术样式的美的属性，是艺术美的形态之一。其特点是在时间的流动中，带有非共象性，以长短、高低、强弱、音色不同的音为基本素材，以节奏、旋律、和声、对位的纵横组织，表达一定情绪和感情。在内容方面包括表现现实生活的美和作品体现的思想感情，在形式方面包括旋律、音阶调式与和声等技巧性因素。音色之美能激起听众美好的感情。

（三）古代舞蹈的秩序美

舞蹈欣赏，是人们观赏舞蹈演出时所产生的一种精神活动，是对舞蹈作品的感受、体验和理解的过程。其本质是一种认识活动。舞蹈欣赏，就是观众通过舞蹈作品中所塑造出的舞蹈形象，具体地认识它所反映的社会生活、人物的思想感情，以及舞蹈作者对这种生活现象的审美评价。观众在欣赏舞蹈作品的过程中往往会联系自己的生活经历，引起情感上的共鸣，激发起记忆中有关的印象、经验。通过一系列的想象、联想等形象思维活动，来丰富和补充舞蹈作品中的舞蹈形象，使其更加完整、生动和鲜明。从而能在观赏舞蹈作品的过程中体会到更加宽广的生活内容和更加深刻的思想含义。

人们进行舞蹈欣赏这种审美活动，首先必须具备一定的主观条件，也就是说要具有一定的舞蹈知识、舞蹈欣赏水平和认识能力，舞蹈欣赏活动才能正常顺利地进行。所以我们了解舞蹈艺术的特征、舞蹈和其他艺术的关系、舞蹈形象构成的各种因素及其产生的过程等，就显得非常必要。舞蹈是以经过提炼、组织、美化了的人体动作作为主要表现手段，表现人们的情感和思想，反映社会生活的一种艺术。从舞蹈作品诉诸欣赏者的感觉特点来看，它是一种综合了听觉（时间性）和视觉（空间性）的表演艺术。舞蹈是在一定的空间（舞台或广场）内，主要通过舞者连续的动作和不断变化的舞蹈队形、画面以及音乐、舞台美术（服装、布景、灯光、道具）等表现手段来塑造舞蹈的艺术形象的一种活动。因此，只有考察和了解作品中各种表现手段是如何紧密地结合在一起，形成一个完整的艺术形象，以及人物的思想感情、作品的主题内容是如何表达出来的，我们才有可能加深对于舞蹈作品的理解，更好地进行舞蹈欣赏。

舞蹈欣赏的过程始终离不开形象，它的理解活动始终和感性活动结合在一起，舞蹈欣赏也就是观众进行形象思维的过程。但是，观众欣赏的形象思维与舞蹈作者创作的形象思维的具体过程恰恰相反：作者进行创作首先是从生活的感受开始，有了主观感知的了解，才能获得题材，形成明确的主题，再运用各种艺术表现手段塑造出艺术形象；而观众欣赏舞蹈作品，则首先从对舞蹈的形象感知开始，通过人物在舞台上的动作及其所表达的情感和思想、受到的艺术感染、产生的情感激动，进而才能体会到作品所反映的生活内容和主题思想。这也就是说，作者进行艺术创作是通过把握生活的现实面貌和本质意义以创造形象；观众进行作品欣赏，却是通过把握形象以认识它所反映的生活现实面貌，进而体会和理解它的本质意义。

总之，舞蹈欣赏并没有什么神秘的地方，对舞蹈多接触、多看、多熟悉，就会逐渐地提高舞蹈欣赏的水平。正如我国古代文艺理论家刘勰所说："凡操千曲而后晓声，观千剑而后识器，故圆照之象，务先博观。"意思是说，会演奏上千支曲子而后才懂得音乐，观察了上千把剑而后才会识别宝剑，所以全面观察的方法，务必要多做观察研究。一个人"晓声"和"识器"的鉴赏能力，来自本人的艺术实践和他对事物全面反复地观察比较。因此，对于优秀的舞蹈作品，只有反复欣赏、透彻地体会和理解，才能够充分地感受到舞蹈审美欣赏中的艺术乐趣，同时也可以不断地提高舞蹈欣赏水平，加强艺术素养。

三 现代社会对秩序美的拓展

（一）雕塑艺术的秩序美

雕塑是以雕、刻、塑、铸、焊等手段制作三维空间形象，反映社会生活并表达审美思想的艺术形式。雕塑的美，美在形体、美在空间、美在材质、美在秩序，有人把它喻为："立体的诗、动态的书、有形的音乐。"从古埃及的狮身人面像、古希腊的维纳斯像，到文艺复兴时期的米开朗基罗、近代罗丹的青铜雕塑；从古代中国的秦俑到乐山大佛，再到现代的人民英雄纪念碑浮雕，都书写着人类雕塑史上的辉煌。所以雕塑的秩序美是一种"艺术的雕琢"。

（二）建筑艺术的秩序美

建筑是空间营造的艺术。建筑创造出的作品既适应人类的物质需求又符合审美需要，既有实用性又有艺术性。建筑的秩序美体现为建筑各元素的秩序与和谐，张弛有度的内外秩序、层次分明的主次秩序、象外之象的虚实秩序、合乎伦理的色彩秩序、人本亲和的尺度秩序等，都体现着建筑的秩序美，所以，建筑的秩序美是一种"艺术的凝固"。

（三）戏曲艺术的秩序美

戏曲是中华传统文化的瑰宝，是最能够体现出中华传统文化的精髓、神韵和风格的一种艺术形式。无论是行云流水的唱腔、婀娜多姿的身段、曲折动人的故事，还是艳丽华美的服饰、奇特夸张的脸谱、色彩斑斓的舞台，都给观众以难以

人民英雄纪念碑（局部　浮雕）（刘开渠等，1949—1958）

国家速滑馆"冰丝带"内部实景图

言表的美的享受。戏曲的美以唱、念、做、打的表演形式，手、眼、身、法、步的表演技法，采用丰富的演绎方式与表演秩序，征服了人们的心灵。昆曲《牡丹亭》、京剧《贵妃醉酒》、豫剧《穆桂英挂帅》、越剧《梁山伯与祝英台》等戏曲曲目都是其中的经典之作。

（四）影视艺术的秩序美

影视艺术是21世纪以来发展最快的艺术形式，是伴随着几代人成长起来的艺术，是当代大学生最熟悉的艺术，有着鲜明的时代烙印。影视画面呈现出造型美感，是由人、影、物、声、光、色等各种元素组合起来的综合造型设计。影视的秩序美体现在画面的构图、色彩、光线等方面进行的精心设计和创造，千方百计地突出画面造型、加强视觉效果。所以，影视艺术的秩序美是一种"艺术的折射"。

生存智慧
——自然界的秩序美

美的欣赏

萤火虫是一种招人喜爱的小昆虫。孩提时代有乡村生活体验的人们大都有过捕捉萤火虫的经历。在传统文化里，囊萤夜读的故事不知感动和激励了多少学子勤奋读书，现代人更赋予了萤火虫光明、希望和浪漫的象征。2014年，在美国埃尔克蒙特露营地，记录了一场盛大的萤火虫浪漫之约，成千上万的萤火虫通过发光寻找自己的配偶，蔚为壮观，这既是萤火虫的集体婚礼，又给人类带来一场视觉盛宴。自然科学已经证明：萤火虫发光要消耗大量的能量，它们发出的光中90%以上是冷光，这意味着萤火虫发光主要是为了光亮而非取暖，更是为了求偶、沟通。一般雄性会先发出不同频率的光，有意向的雌性会发出同样频率的光予以回应，同时还伴以时间、次数等的精密配合完成求偶和交配繁衍。近些年来的科学研究结果表明：成群的萤火虫发光的频率会慢慢趋同，这是一个有趣的发现，试想：一群雄性萤火虫发出同频的光来吸引异性，会不会有成群的雌性予以回应呢？不知不觉，小小的萤火虫悄悄地上演着征婚大戏，是否有成群的萤火虫新娘，不得而知，大自然留给我们无限的探索和想象的空间。但是有一点可以肯定：萤火虫群体调频、共同缔造光的盛宴，是趋利避害的选择，不管是为了更容易寻找伴侣，还是为了更方便沟通，都是为了更好地、更高质量地繁衍下去。在自然界，有着自己秩序的动物比比皆是，分工协作的蚂蚁、"8"字形飞舞的蜜蜂、排成人字形南飞的大雁……动物对秩序的遵循，都是出于对生存的考量，为了在残酷的优胜劣汰的竞争中胜出，体现出生物进化的智慧之美和生存的庄严之美。

自然秩序告诉我们：秩序惠及所有个体，同时又需要所有个体的努力和维护。无论发光的萤火虫，还是忙碌的蚂蚁，抑或是草长莺飞的季节里嗡嗡作舞的蜜蜂；无论是天空中飞翔的大雁，还是蔚蓝大海里的鱼虾……它们都懂得秩序美就在于能够让群体生存得更容易、更省力，让群体趋利避害。秩序的美需要每一个个体承担起自己的责任，不怕牺牲、勠力协作，才会更有利于生存发展。

巧夺天工
——苏绣的秩序美

刺绣，起源于中国，因为养蚕、缫丝是中国先民早就掌握的生活技艺。先民们很早就开始用骨针对麻、丝、毛等进行编织和刺绣。相传，舜帝时期就有了"衣画而裳绣"的习俗。从考古发现的绣品看，战国、两汉时期的刺绣工艺水平已经相当高超。唐代，刺绣结构丰满、色彩华丽，南宋时期，出现了"画绣"，即以唐宋名画为底本进行刺绣。明代，刺绣异常繁荣，上海、苏州、北京等地的刺绣无论从针法、色彩、风格等方面都是百花齐放、百家争鸣。苏绣发源于苏州吴县一带，该地养蚕业发达，五彩斑斓的丝线为苏绣提供了坚实的基础，苏绣以"平、齐、细、密、和、光、顺、匀"的特征位列四大名绣（苏绣、湘绣、蜀绣、粤绣）之首，形成了图案秀丽、构思巧妙、绣工细致、针法活泼、色彩清雅的独特风格。苏绣按用途可分为：装饰类（单面绣、双面绣）、实用类（手帕、荷包）；按观感可分为：单面绣、双面绣；按针法可分为：乱针绣、平绣。

苏绣《齐白石像》的作者是任慧娴，她创造了"双面异色异样绣"，开创了中国绣坛"双面三异绣"的先河。20世纪20年代末，常州人杨守玉运用长短交叉的线条渗色分层加色等新法取代传统"排比其线，密接其针"的方法，将线条交叉重叠成形，独特的线条组织让绣品面目一新，被称为"乱针绣"。乱针绣以流畅自如的线条、丰富多彩的色调、恰到好处的明暗度、立体的层次感等绣艺得到业界的高度赞赏，被誉为东西方艺术完美结合的经典，开创了刺绣肖像艺术向更高美术层次发展的广阔天地。任慧娴在传承中创新、在创新中传承，保留了苏绣平、齐、细、密和光、顺、匀的特点，改变乱针绣原来粗犷的风格，针法趋向细腻。她认为乱针绣的精髓在于神秘而新奇、灵活而异趣，她创作的人物传神、生动。细细的丝线，经过匠心独运，配上扎实的绘画、刺绣功底，创作出的绣品带给人不可名状的审美体验。色彩、光线、布局、轮廓处处演绎着绘画的秩序美，更有苏绣千针万线的工艺秩序美。乱针绣《齐白石像》，背景色与人物衣服颜色过渡十分自然，又不失层次感，与传统技法相比，乱针绣塑造的交叉重叠的线条更具感染力。绣像色调浓淡相宜，绣出油画的光泽，表现出

苏绣《齐白石像》（任慧娴，1994）

刚柔相济的线条美、轮廓美。她运用乱针绣技法，生动传神地塑造了齐白石的形象：斑斑点点的老人斑，沧桑中蕴蓄不凡，老人的眼底泛着难以捉摸的岁月的积淀，苍老中难遮光芒、深邃中带着从容。挺拔的鼻梁、凸出的颧骨、瘦削的脸颊、松弛的皮肤、黑白驳杂的眉毛、银白色的胡须，透过微张的嘴唇依稀可见几颗残存的门齿，仿佛欲言又止。整幅绣品处处彰显着苏绣的精湛技艺，发挥了丝线特有的光泽度，绣得惟妙惟肖、呼之欲出。

美的视窗	话题探讨	戏曲是一种综合了文学、音乐、舞蹈等多种艺术形式的舞台艺术样式。对于戏曲中的秩序美你是如何认识的？请结合你熟悉的戏曲作品举例说明。
	拓展阅读	**登高** 唐·杜甫 风急天高猿啸哀，渚清沙白鸟飞回。 无边落木萧萧下，不尽长江滚滚来。 万里悲秋常作客，百年多病独登台。 艰难苦恨繁霜鬓，潦倒新停浊酒杯。　　请你从古典诗词的韵律、节奏、对仗等方面分析《登高》这首诗中所体现的秩序美。
美的体验		**生活中的秩序美体验** 1. **活动目标：** 通过调查校园建筑或周边景区，加深对秩序美的理解，养成发现、欣赏秩序美的习惯。 2. **活动对象：** 大二学生 3. **活动内容：** 寻找航拍视频、图片 4. **活动要求：** 以5~6人一个小组为单位，分工协作，调查校园建筑、周边景区，或寻找航拍视频、图片，从秩序美的角度写一份调查报告，分析调查对象是否合乎秩序美。 5. **活动成果：** 文字总结材料、视频或PPT展示材料。

健康美

专题八

美的导航

2020年9月8日，在全国抗击新冠肺炎疫情表彰大会上，一位身姿挺拔、步伐坚定、目光坚毅、充满活力的老人给全国人民留下了深刻印象。他就是"共和国勋章"获得者——84岁的钟南山院士。

2003年，他是中国抗击非典型肺炎的领军人物，一句"将重症病人都送到我这里来！"感动了无数国人。2020年，新冠疫情暴发，他建议公众"不要去武汉"，自己却在第一时间坐上赴武汉的高铁，奔向抗疫第一线。

钟南山院士的事迹与精神感动了全世界。有媒体评价钟南山，"有院士的专业，有战士的勇猛，更有国士的担当"。少有人知的是，钟南山院士在青年时期就是运动健将。1955年，他读高三时，就以破全省纪录的成绩获得广东省田径运动会400米项目冠军；1959年，他正就读于北京医学院，参加了第一届全国运动会，以54.4秒的成绩获得400米栏冠军并打破全国纪录，成为令人瞩目的体育明星。

西班牙权威体育媒体《马卡报》这样赞扬钟南山院士：几十年来，钟南山一直保持令人羡慕的健康水平，健硕的肌肉经常被媒体拍到，篮球也得心应手，还经常做举重等力量训练。虽然他没有成为一名职业运动员，但一直坚持身体锻炼。他强调，锻炼对于保持体形起着关键作用。

钟南山院士用无畏与担当、医者仁心和热爱生活的积极态度，有力诠释了什么是真正的健康美。

健康美是指个体体态匀称，生活作息规律，无不良嗜好，心理稳定，能够平和冷静处事的状态。拥有健康美的人勇于进取、充满活力、认同自身、积极追求，给人以阳光、正向、积极向上的感受。

一、健康美的内涵与特征

（一）健康美的内涵

健康美是身心健康之美。它不仅是身体健康所表现出的美，而且是心理健康之美。法国启蒙思想家伏尔泰说："外在的美只能取悦于人的眼睛，而内在的美却能感化人的灵魂。"身体之美和心理之美相互依存，互相作用。心理健康的人善于管理好自己的身体，更易显现出健康美。而健康的身体形态美，带来的自信与乐观，又对心理健康起到积极的促进作用。

（二）健康美的特征

1. 多样性

《淮南子》有言："佳人不同体，美人不同面，而皆悦于目。"意指佳人的身体形态各有不同，美人的面容不尽相同，然而都招人喜爱。说明美具有多样性和各自独特的个性。健康美也是个性之美、差异之美，即使在同一时空里，健康美的表现形态，也会因人而异。受社会发展、文化背景和生活观念等因素影响，健康美在不同时期、地域有着较大差异。即使在同一地域，不同时期的健康美观念也有很大差别，如初唐时期，以身材纤细、轻盈柔弱为女子是否美的标准，在盛唐时期则演变为以丰腴为美。

《簪花仕女图》(局部)(周昉,唐)

2. 可塑性

可塑性泛指物或人可被塑造的自然属性。在这里,可塑性指健康美观念、健康美形态在教育培养下能改造提升。大学生能够通过对健康美的学习和领会,提高认知水平,摒弃错误观念,形成正确的健康美观念,并在正确观念指导下,积极参与实践,塑造出具有自己特点的健康美。

3. 自然朴素性

朴素即本色、自然、纯洁、清纯。《庄子》有言:"静而圣,动而王,无为也而尊,朴素而天下莫能与之争美。"健康美的自然朴素性特征是指人的身体形态、生活习惯、穿着打扮等,符合所生活地域居民的文化特征与传统习惯。它与病态美表现出的夸张造型、过度修饰等对立。生活中,大学生不必对照某一种流行的"美容模子",自怨自艾、迷失自我,更不必趋之若鹜,而应推崇人的自然健康之美。"清水出芙蓉,天然去雕饰。"健康的、自然的美,展示的是本来的样子、本色的风采、本真的风范,最能让人感到心动、舒服,并产生审美愉悦。

骑马的青年　手持滑板的大学生

二、健康美的意义和影响因素

（一）健康美的意义

1. 促进身体机能水平提升

一个具有健康美的人，心理稳定、社会适应性强，健康心理的良性刺激通过中枢神经系统的调节，影响神经系统、内分泌系统和免疫系统功能，系统出现功能紊乱的概率较小，能有效降低疾病发生。在生活中，具有健康美特质的人能正确认知和处理人际交往，克服学习、就业过程中遇到的困难和挫折，也不容易陷入心理紧张、冲突、焦虑、抑郁等亚健康状态。

2. 提高社交能力

健康美对于塑造个人形象、促进人际交往有极其重要的意义。部分大学生对自身学历、能力、容貌、健康等认可度较低，易产生社交恐惧心理。一个人具有健康美，在工作、学习中会给人以阳光、积极向上的感受，也会让同事、同学感受到你是一个有团队精神、有担当、有责任感并且能与人合作的人。通过工作的相互协助，学习、生活上的不断交流，彼此的友谊会不断加深，原来陌生的关系会慢慢拉近，同事、同学、商业伙伴等社会关系会转化为熟知的朋友关系。反之，个体缺乏对身体、精神的塑造，身体上、精神上不完美，会导致个人主动或被动地从他所处的群体分离出来。因此，健康美对提高社交能力、融入社会有着不可替代的作用与意义。

3. 推动人类发展进步

远古时期，随着对自身躯体认识的深入和生殖崇拜的影响，人们逐渐产生了朦胧的健康美审美意识。古希腊哲学家柏拉图指出，要为保卫城邦而锻炼出体魄刚健的战士，并要为成为完美和谐发展的人而健身。古希腊人认为"谁具有宽阔的胸部，虎背熊腰的躯体，能掷铁饼的结实的臂膀，能跑善跳的矫健腿脚，谁就是最美的人"。这些"最美的人"开拓了疆域，保卫了城邦。古希腊之所以强大和文明，与崇尚健康美不无关系。2014年8月15日，习近平总书记在看望南京青奥会中国体育代表团时讲道："少年强、青年强则中国强。少年强、青年强是多方面的，既包括思想品德、学习成绩、创新能力、动手能力，也包括身体健康、体魄强壮、体育精神。"强调青少年的健康体魄、奋斗精神关系到中华民族复兴、国家富强、社会经济发展。

（二）健康美的影响因素

健康美是现实存在的美，是一种客观的社会存在，是人类参与社会文化与实践创造的结晶。它的形成与个人思想认知、身体状态、心理健康水平、生活习惯，以及参与实践活动程度等因素息息相关。

1. 正确的健康观念是健康美的实现前提

树立正确的健康观念需要摒弃畸形审美观念。大学生要对自己的身体有起码的尊重，认识到"反手摸肚脐""锁骨放硬币""A4腰"等畸形审美的危害，反对"容貌焦虑"和非理性的整容诉求。要认识到健康不只是生理的健康，心理的健康同等重要。还要养成良好的作息与饮食习惯，做到早睡早起、饮食有度。

2. 身体形态是评价健康美的重要内容

身体形态是指身体的外部形状和特征。匀称的身体形态和人类的健康美理想是一致的，匀称的身体形态，符合新陈代谢的生理规律。对于个体来说，拥有匀称的身体形态，自我认可度高，更易建立自信心，对塑造个人形象、促进人际交往、增强社会适应性有积极意义。

3. 心理健康是实现健康美的必备条件

人的健康美，一定表现为有一个健康的心理状态。心理健康的人心理调节能力强，不容易产生焦虑、抑郁等负面情绪，积极乐观，睡眠质量好，更容易形成良好的生活和行为习惯，拥有健康匀称的身体形态。现代医学研究证明，情绪的强烈波动，会扰乱人的大脑功能，引起机体内环境失调，从而导致疾病。长期在疾病状态下，人的身体形态会发生变化，如肌肉松弛、皮肤蜡黄、体态弯曲等。

4. 参与运动是塑造健康美的重要途径

运动是健康的源泉。身体通过有规律地连续运动，将身体的形态美与运动能力的美显现出来，显示生命的朝气与活力，进而产生机体上的舒适感、精神上的愉悦感，给人以美的享受。

参与不同的运动，可以展现出不同的健康美形态。短跑、速滑等运动项目，呈现出在空间位移上、视觉效果上的速度美，给人以风驰电掣的感觉，赋予人们激昂、振奋的情感体验；举重、拔河等运动，呈现出肌体的"刚强之美"，给人以力拔千钧的感受；橄榄球、足球、篮球等运动，呈现出身体瞬间改变体位、运动方向等能力，给人带来惊奇、意想不到的愉快情绪；艺术体操、体育舞蹈等运动，呈现出动作之间的紧密衔接、环环相扣、浑然一体、张弛有度，给人以潇洒飘逸、行云流水的感受。

健康饮食保持健康体态

美的历程

从一定意义上说,人类的发展史就是一部人类认识健康美的历史,也是追求健康美的历史。

一 中国古代的健康美

根据考古材料,人类从旧石器时代已经产生了懵懂的审美意识。从学者对旧石器时代的雕像、岩画等研究可知,人类审美活动是从生殖崇拜到图腾崇拜的符号化过程。

石器时代的人类对神秘莫测的大自然缺少科学认知,为了繁衍生存,逐渐产生了生殖与身体崇拜。在史前石洞壁画上,原始人类的形象为躯干上半部健硕、臀部外凸,夸张的性别特征体现出原始人对于身体、生殖崇拜的审美意识:只有这样的身体形态,才有可能繁衍更多的后代,才有力量对抗自然与猛兽。

《诗经》是佐证先秦社会、文化、生活最可信的文字材料之一。《卫风·硕人》描写美妇"手如柔荑,肤如凝脂,领如蝤蛴,齿如瓠犀,螓首蛾眉。巧笑倩兮,美目盼兮"。《陈风·泽陂》描写"有美一人,硕大且卷""有美一人,硕大且俨"。根据以上内容来看,当时人们对美的品评标准,是以长白、硕大为美。《卫风·考槃》写女子想念男友有"硕人之宽""硕人之薖""硕人之轴"的诗句。"宽""薖""轴",都是形容男子形体硕大。《魏风·汾沮洳》,以"彼其之子,美无度""彼其之子,美如英""彼其之子,美如玉"的语句,赞扬一个劳动男子的形貌,突出其温润之美。

先秦时期的出土文物与其他典籍也提供了大量生动而可信的材料。秦始皇陵兵马俑中的武士俑,多虎背熊腰,浓眉大眼,宽口阔腮,形体厚重,雄壮威武。身高在1.8米到2米,反映了秦朝对男子形体的审美观是以长硕为美。这和《诗

跪姿兵马俑　　　　　兵马俑勇士阵列

经》等古籍中所体现的男子形体审美观是契合的。

两汉时期，在男子形体的审美观方面，最为突出的是强调长白、肥硕为美。对女子崇尚长白、丰丽。一方面是对先秦时代人的形体审美观的继承，另一方面是对汉代国势强盛，整个社会朝气蓬勃的反映。

汉代的帛画、石刻画像等深刻反映了汉代人的审美观念。西汉帛画"宴饮图"所画的地主贵族形体高大，身躯肥胖。反映劳动人民生活场面的"弋射图"（农猎图），所画的隐于树后、引弓待发的猎手，也是体魄健壮、肌肉丰满。《汉书·东方朔传》记载："武帝初即位，征天下举方正贤良文学材力之士""臣朔年二十二，长九尺三寸，目若悬珠，齿若编贝，勇若孟贲，捷若庆忌，廉若鲍叔，信若尾生。若此，可以为天子大臣矣。"可见汉代对男子的审美标准仍然是传统观念的以长白、硕大为美。

魏晋南北朝时期社会动荡，政权频繁更迭，胡汉之间文化剧烈碰撞，受佛学、玄学、本土文化和异域文化广泛交流的影响，这一时期的审美表现出复杂性和多元性。

魏晋南北朝社会以世族为主体，使得魏晋南北朝时期的审美带有强烈的贵族化取向。刘义庆《世说新语·容止》讲述了39则魏晋时代评论人容貌、态度、举止的故事，《容止》映射出魏晋时期的士人审美情趣及精神状态，为探究魏晋时期士人的健康美提供了一定依据。比如其中一则，记载曹植初次会见邯郸淳："植因呼常从取水，自澡讫，傅粉。"意指曹植见客人前还要给脸上涂粉。《颜氏家训》讲过同样的例子："梁朝全盛之时，贵游子弟……无不熏衣剃面，傅粉施朱，驾长檐车，跟高齿屐，坐棋子方褥，凭斑丝隐囊，列器玩于左右，从容出入，望若神仙。"这些出身豪门的权贵子弟，以身高、肤白、体瘦、有神为审美标准，追求着"秀骨清相"的身体形象，通过种种身体的修饰与举止，彰显自己高贵的出身与高雅的品位。

而竹林七贤展示了魏晋南北朝时期人物的另类形象。他们或是土木形骸、不修边幅，或是率性任意，甚至是赤身裸体、纵情声色。即便这样，他们还是受到社会各阶层的仰望、渴慕与效仿。著名的现代作家、文学评论家李长之在评论这种"魏晋风度"时说："这种风流或风度是当时士大夫的一种架子和应付人事的方式。"足见魏晋时期人们思想、审美的多元。

唐代的健康观念与实践，在中国历史上留下了浓墨重彩的一笔。盛唐恢宏的气象，特别是"开元盛世"时期，社会经济空前繁荣，国泰民安，衣食富足，人口增多，为人的健康发展提供了较为丰富的文化与物质保障。唐代审美观有了显著的变化，由初唐的轻盈纤弱过渡到丰腴硕大。这一变化在对女子的审美方面，表现得较为明显。

初唐时期画家阎立本的作品《步辇图》，是一幅反映我国古代汉、藏民族团结友好的历史画卷。它真实地记录了一千三百多年前，汉、藏民族之间亲密交往的重要历史事件——文成公主和松赞干布的联姻。图中的九个宫女身材纤细，轻盈纤弱，形象清秀，各具姿态。盛唐时期画家周昉的《簪花仕女图》中，描绘了六位衣着华丽的贵妇人和其侍女，与初唐女子形象相比，此时明显倾向于表现人

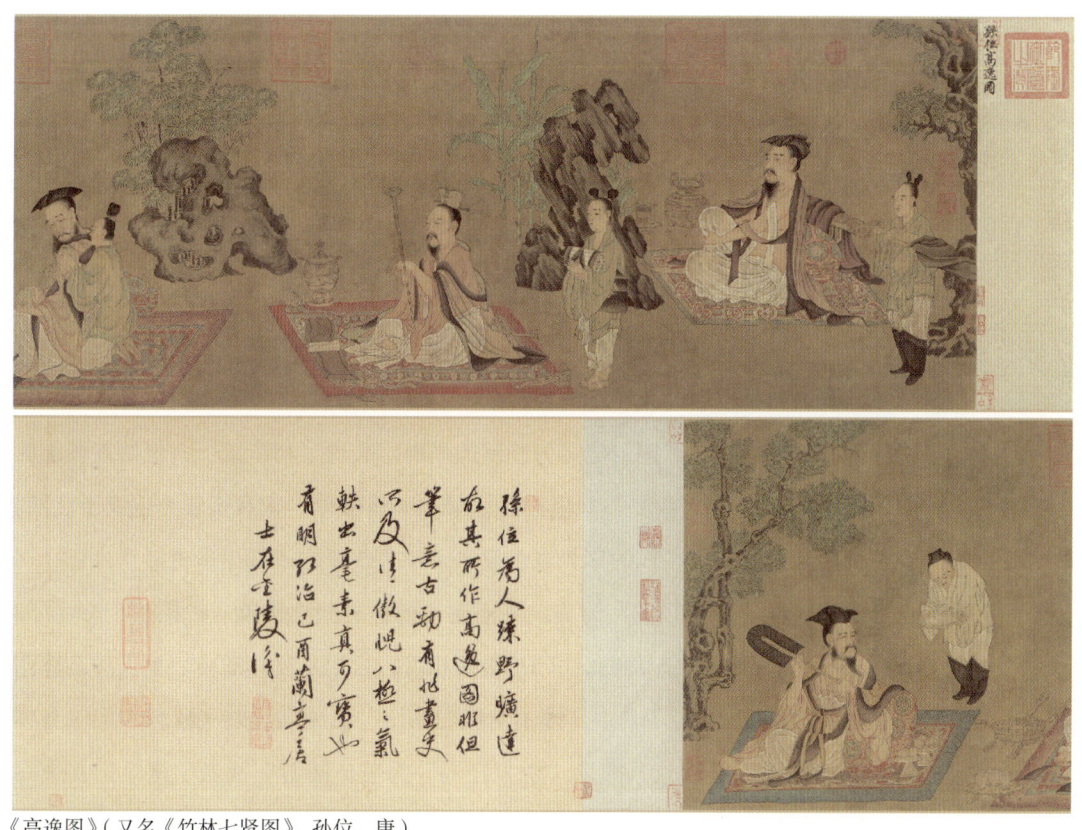

《高逸图》（又名《竹林七贤图》，孙位，唐）

身材颀长的唐代女俑　　　　丰腴的唐三彩女立俑

物的丰腴之美。这一审美观的变化，在出土的文物中也可以验证。初唐李寿墓室绘有《列戟图》《骑马出行图》等壁画，据考证作于贞观四年（公元630年）。图中的侍女，大都身材修长，形象清秀，发髻高耸，上多袒胸，足露裙外，头与身的比例竟达1∶8。墓中的石刻线画《舞伎图》，六名女伎分列三组，两人相向而舞，场面极为生动。那微曲的腰肢，轻缓的舞步，飘逸潇洒的神情，处处给人以轻柔的美感。而在唐高宗和武后时代，尤其是天宝以后的墓葬，如西安郊外一号开元十三年墓、中保村墓、韩森寨天宝四年墓、咸阳底张湾唐墓等，出土的女俑均为丰腴肥美的形象，男俑也丰满壮硕。

唐代人审美观的前后变化，与该时代政治兴衰、社会生活的变化一致。以形体丰腴为美，是盛唐时代精神的反映。

宋代结束了五代十国封建势力割据的局面，实现了初步统一，但始终面临游牧民族的威胁，最终酿成"靖康之难"，徽钦二帝被俘，宋室南迁，偏安于江南。在这样的社会条件下，人的审美观也发生了较大改变，表现出多重特点。

首先，以"娇柔轻弱"为美。苏辙在《杨惠之塑维摩象》中描述："金粟如来瘦如腊，坐上文殊秋月圆。法门论极两相可，言语不复相通传。至人养心遗四体，瘦不为病肥非妍。"其中"瘦不为病肥非妍"形象地反映了宋代人们对身体健康与形体审美的观点，即以"娇柔轻弱"为美。陆游在《老学庵笔记》中写道："利州武后画像，其长七尺。成都有孟蜀时后妃祠堂，亦极修伟，绝与今人不类"。"不类"的表述,也印证了宋代与前朝女子形体外观上的差异。

其次,男子有"簪花"的习俗。欧阳修《浣溪沙·堤上游人逐画船》的诗句"白发戴花君莫笑,六幺催拍盏频传"中提到了男子戴花的现象。无独有偶,邵雍的《插花吟》中有:"头上花枝照酒卮,酒卮中有好花枝。身经两世太平日,眼见四朝全盛时。况复筋骸粗康健,那堪时节正芳菲。酒涵花影红光溜,争忍花前不醉归。"诗人借"簪花"的习俗,来表现自己头插鲜花、手持酒杯享受生活时的怡然心情。

河南偃师出土砖雕上的北宋女子形象

这一时期也认同"丰腴之美"。宋代书法家黄庭坚评论书法是"肥而不剩肉,如世间美女,丰肌而神气清秀者也",说明当时并不排斥对丰满身形的崇尚。词人苏轼也说"短长肥瘦各有态,玉环飞燕谁敢憎",表现出了开放包容的审美观。

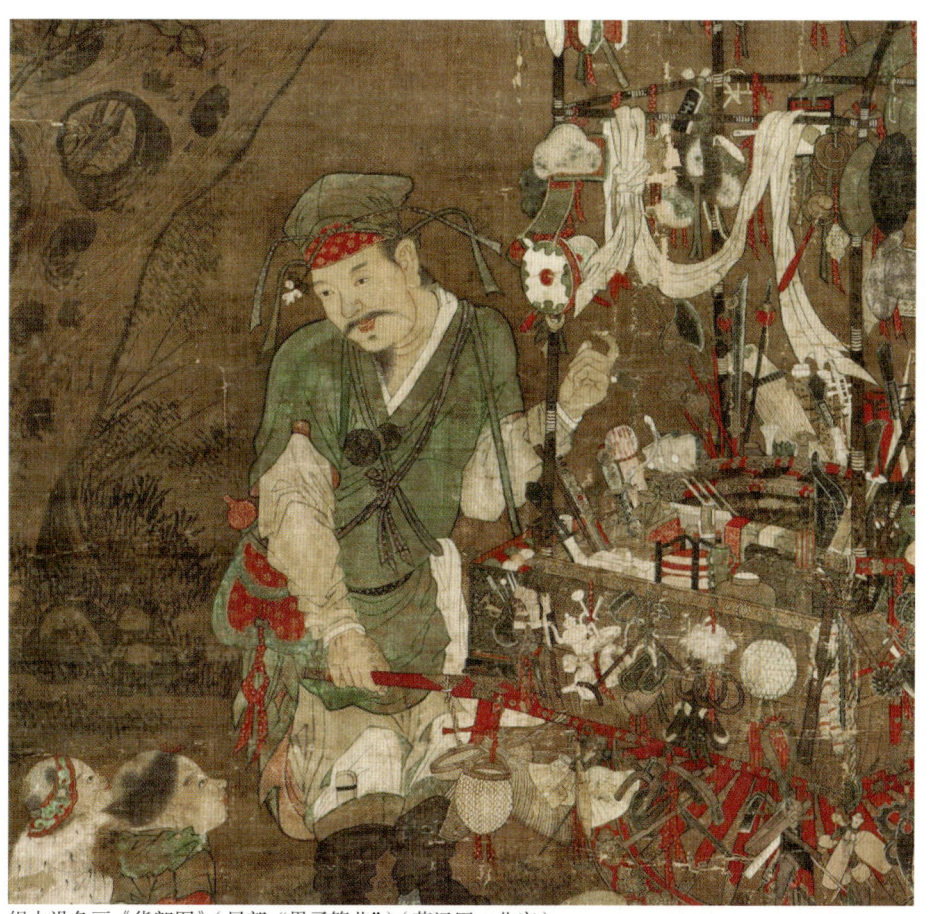

《货郎图》大图欣赏

绢本设色画《货郎图》(局部"男子簪花")(苏汉臣,北宋)

二 中国近现代的健康美

清末鸦片泛滥，国力衰退，民不聊生。"观其体魄，则病夫耳，死尸耳"被认为是近代中国人身体状态的典型特征。

在反对帝国主义侵略和封建主义压迫的斗争中，社会上萌动着要求强身健体、男女平等、妇女解放的思潮，号召国人抛弃封建制度下的生活陋习、养成卫生习惯；倡导将参与身体锻炼、增强国民体质作为实现健康美的途径。

1897年，爱国人士在上海创立了"上海医学会"，这是我国较早创立的西医学术团体。"上海医学会"开展了许多公共卫生知识的宣传普及工作，在破除封建陋习、个人生活方式的改变及公共卫生习惯的培养等方面做出了贡献。毛泽东在《体育之研究》一文中疾呼："武风不振，民族之体质，日趋轻细"，强调"动以营生""动以卫国"，呼吁和倡导"文明其精神，野蛮其体魄"，明确了参与体育运动能够塑造个体健康美，即"体育之效，至于强筋骨，因而增知识，因而调感情，因而强意志"。20世纪二三十年代的知识分子，在各大报刊上积极倡导健康和自然的女性审美观念，"健康美"成为时髦的名词，难能可贵的是这一时期人们提出了女性健康美的衡量标准：假如一个面貌并不怎样美的女子，而身材很漂亮，只要她肯努力锻炼，使她身体健康，活泼，风姿优美，挺拔，又有精神，那她准可称为美人。[1]在舆论对女性身体的讨论和一部分女性的切实努力下，中国社会评判女性美丑的价值尺度有了一定的变化，逐渐趋向于以自然朴素、健康活泼为美。

新中国成立以来，健康美在不同历史阶段表现出不同的风格，成为时代审美变迁的一面镜子。

新中国成立后，随着人们对社会主义建设的热情高涨，健康美的审美价值标准聚焦于劳动与奉献的主题。这一时期人们的健康美表现为身体健硕，明眸皓齿，积极向上，热情洋溢。着装以黑、蓝、灰色为主，女性流行长辫子、列宁装，与男性健康美差异微小。韩敏在《新中国妇女的视觉形象建构》中评价："将女性身体包裹在黑、蓝、灰色的劳动制服下，方便女性进行劳动生产的同时，拒绝表现女性身体的性别特征。"[2]20世纪60年代，女性的中性化、男性化倾向愈加明显。"铁姑娘""不爱红装爱武装"等是那个年代最流行的女性形象。

---

[1] 何江丽.近代女性"健康美"观念的表述与实践[J].兰台世界，2019，46（8）：167-170.
[2] 韩敏.新中国妇女的视觉形象建构[N].中国社会科学报，2012-11-28（A08）.

改革开放之后，中国经济迅速发展，人们的生活水平提高，思想也渐渐开放，健康美观念也开始转变，追求自由与理性。受我国港台地区及外国影视作品的影响，这一时期的审美价值在很大程度上表现为模仿与追随，年轻人中开始风靡喇叭裤、蝙蝠衫、烫发。20世纪80年代初，武打故事片《少林寺》上映，引起了前所未有的轰动，仅国内观影人数就达到了5亿人次。主角觉远"救唐王，除奸臣，扶正义"的英雄形象使得青少年竞相模仿，引发了全国的习武热潮。

随着经济社会的迅速发展，人们对健美的体态、健康的生活方式有了更高的追求，运动、健身成为全民流行的新时尚。对于青年大学生而言，优秀运动员成为他们热捧的健康榜样。运动员用他们健康、自然的青春形象，破除了某些人的"身材焦虑""容貌焦虑"，激励更多人追求健康之美、自然之美。在奥运会赛场上，苏炳添的矫健、吕小军的壮硕、张雨霏的敏捷、全红婵的灵动、巩立姣的强健、赛艇姑娘们的小麦色皮肤……运动健儿们展现的力量之美、速度之美、青春之美，令人赏心悦目、赞叹不已。"奥运会狠狠修正了我的审美"成为微博热议话题。网友感叹：奥运健儿们撕掉了很多"贴满了标签的审美观"，她们是极美的。皮肤不够美白也好，身躯健实有力也好，眼神深沉内敛也好，动作杀伐凌厉也好，那都是经历过难以想象的艰苦磨砺的结果，这才是真正的健康之美。

需要看到，近年来，一些举止不符合大众审美的演艺人员，经由影视制作机构和经纪公司的商业包装和市场运作，成为许多青少年的偶像。这严重误导了青少年的审美观念和价值导向，应当引起我们的高度重视。

三 西方美术作品中的健康美

西方的健康美，在美术作品中有比较典型的体现。

在古希腊观念里，万物之中，数人最美，"健全的精神寓于健康的身体"是他们的至理名言。古希腊雕塑艺术是对人自身的认可、赞赏和热爱，表现出丰富的形态之美、精神之美，在西方美术史中占有重要地位。

《掷铁饼者》是古希腊雕刻家米隆于约公元前450年雕刻的青铜雕塑，原作已经丢失，现存作品为古罗马时期的大理石复制品。雕塑取材于古希腊现实生活中的体育竞技活动，是米隆在反复观察运动健儿后，选取了掷铁饼过程中由蓄力到投掷的瞬间，铁饼摆到最高点、即将抛出的一刹那，有着强烈的"爆发"趋势。整尊雕像充满着拼搏的精神，将人的健美、青春、力量表达得淋漓尽致。

《米洛斯的阿佛洛狄忒》（俗称《断臂的维纳斯》）是传世之作。雕塑中的维纳斯端庄秀丽，肌肤丰腴，美丽的椭圆形面庞、希腊式挺直的鼻梁、平坦的前额、丰满的下巴和平静的面容，无不流露着古希腊雕塑艺术鼎盛时期沿袭下来的传统。那微微扭动的躯体，婉转曼妙，自然而韵味十足。她堪称完美的身材比例，集健康、恬静、端庄、和谐、优美于一体，不愧为美的代言。

　　西方古典主义油画多以古希腊神话传说中的女神形象为题材，表现女性丰腴优美、端庄优雅的神韵气质和健康挺拔、高雅妩媚的健康美形象。安格尔所创作的艺术作品《泉》描绘了一个抱罐倒水的女性形象。女性身体的线条富有很强的美感，水瓶中倾泻下来的泉水与女性裸体静态的姿势构成了鲜明的对比。完整的造型、静美的形式、温润的光线、优雅的内涵，使人产生轻松惬意的审美感受。这幅作品充分展现了那个时代艺术家极力推崇的健康美审美情趣，即身体形态的优美和内心的平静。

雕塑《掷铁饼者》点印照

雕塑《米洛斯的阿佛洛狄忒》

阳刚之美赏析

美的欣赏

阳刚之美是健康美的一种形态，是一个人身体健康、意志坚强，给人以积极向上、安全舒适的感受，表现为正义勇敢、真诚直率。阳刚之美不是男性独有的特质，不能简单等同于"行为男性化"，女性也同样可以拥有干练、担当、坚韧的阳刚之美。

关羽（约162—220年），东汉末年名将。关羽的形象经过不同时代的艺术加工，已成为一种文化现象。

关羽的外貌高大健硕。《三国演义》中这样描写刘备第一次见到关羽的直观感受："身长九尺，髯长二尺，面如重枣，唇若涂脂，丹凤眼，卧蚕眉，相貌堂堂，威风凛凛。""重枣"即为红色，红色在戏剧脸谱中象征忠义、勇敢。关羽的气宇轩昂、威猛健硕，给人留下了深刻的印象。

关羽的个性真诚直率。他第一次见到刘备和张飞，对自己的身世和遭遇毫不隐瞒，说道："吾姓关名羽，字长生，后改云长，河东解良人也。因本处势豪，倚势凌人，被吾杀了，逃难江湖，五六年矣。今闻此处招军破贼，特来应募。"寥寥数句，就刻画出了关羽真诚直率的个性。

关羽的品质忠诚守义。刘备、关羽和张飞桃园三结义时，三人的誓言铿锵有力："虽然异姓，既结为兄弟，则同心协力，救困扶危；上报国家，下安黎庶，不求同年同月同日生，只愿同年同月同日死。"其中"上报国家，下安黎庶"即"忠义"的体现，关羽一生始终在践行这个誓言。他身陷曹营，虽然曹操给了他极高的礼遇，但他始终不为所动，后得知刘备的消息，立刻挂印封金，追寻刘备，留下了"五关斩六将，千里走单骑"的佳话。关羽还是一个对自己要求较高的"儒将"，常夜读《春秋》。关羽所体现的忠诚正义符合儒家的道德思想和行为标准，是宝贵的个人品质。

关羽刮骨疗毒的故事广为人知。在攻打樊城时关羽右臂中毒箭，华佗为其治疗，"割开皮肉，直至于骨，骨上已青；佗用刀刮骨，悉悉有声。帐上帐下见者，皆掩面失色。公饮酒食肉，谈笑弈棋，全无痛苦之色。须臾，血流盈盆。"刮骨疗毒，关羽承受了非常人能承受之痛，体现了关羽超乎常人的坚强意志。

坚毅之美欣赏

坚毅之美是健康美的一种表现形态，是一个人勇于进取、意志坚强，给人以阳光正向、不言放弃、积极向上的感受。具有坚毅之美的人往往有逢山开路，遇河架桥的毅力，有一不怕苦、二不怕死的气魄和"明知山有虎，偏向虎山行"的气概。

王尚典，十二届全国人大代表，先后获得"全国五一劳动奖章""全国技术能手""中央企业青年先锋"等多项荣誉。

坚毅之美体现在他面对挫折，不言放弃。2005年，王尚典的右手拇指在一次加工事故中粉碎性断裂，被定为六级伤残，医生将他左脚的第二个脚趾移植到手上。这对于靠手吃饭的王尚典来说，无异于晴天霹雳。"我不能倒！我一定要重树信心站起来！"一个声音在王尚典的心中反复回响。

坚毅之美还体现在他面对困难，锲而不舍。病愈出院后，他便开始练习用筷子夹花生豆，从这盘夹到那盘，然后再夹回来。"每完成一个很简单的动作，对我来说都是一种巨大的成功。"王尚典的那股不认输的倔劲儿又上来了。他强迫自己做抓握练习，每天成百上千次地练，两个月后，他终于重新体会到了让拇指动起来的感觉。他以异于常人的毅力重回车床旁，在2012年获得了第四届全国职工职业技能大赛车工冠军，被称为"断指铁人"。王尚典曾连续奋战25个小时，在大型工件内外爬进爬出数十回，在没有一个完好的加工基准的前提下，修复了阀体的定位装配基准面，解决了技术难题。

自然朴素之美赏析

自然朴素之美是健康美的一种形态，身体形态上表现为不刻意修饰，健康自然；精神状态上表现为阳光乐观、积极向上。

丁真，全名扎西丁真，藏族，2001年出生，四川省甘孜州理塘县人，理塘县旅游形象大使，2020年11月凭借一组灿烂、阳光、天真的微笑照片在网上走红。

丁真的美，是自然健康之美。古铜色的肤色，立体的五官，稍显凌乱的头发，天真无邪的笑容，纯净澄澈的眼睛，嘴角笑起来像个孩子一样阳光而羞涩。他的衣着、谈吐、表达、行为，不是为了表现，也不是为了掩饰，正是这样自然健康的形象让人产生了可亲又可近的美感。

丁真的美，美在他突然走红网络后，面对利益诱惑，还能保持质朴、朴素。《人民日报》评述他对家乡、对生活的热爱，让人们感受到逆境中成长的自强不息力量，透着一份年轻人的朴实和坚定。不论是在喧嚣复杂的互联网环境中，不因流量而迷失自我，保持应有的那一份纯真、乐观和积极，还是为家乡代言，努力为脱贫攻坚事业贡献力量，丁真的行为都体现了一个当代年轻人应有的素养。

丁真的美，美在他对身体、民族、自然的尊重。他的健康美是在其成长的地域、民族文化与放牧生活中造就的，没有刻意的修饰。他的衣着，体现了藏族文化美的元素。他与他生活的高原环境浑然一体，相互衬托。雪山、蓝天、白云等元素，展现了一个丰富多彩而又立体纯净的美丽高原，唤醒了人们对美的向往。如同作家杨银娣在《我的康巴汉子》一书中所说："在那个地方，原始，纯粹，自然，没有被尘世的欲望污染，我的康巴有着高大、彪悍的身躯、英俊的面容，强有力的心跳，他善良，大度，纯粹，自然，忠诚，他属于草原、属于雪山、属于江河。"

美的视窗

话题探讨

古人有"环肥燕瘦"之说，反映了两汉和唐朝时期人们不同的人体美观念。宋代苏轼在《孙莘老求墨妙亭诗》中借对书法的评价，又提出"短长肥瘦各有态，玉环飞燕谁敢憎"，认为不同体态的人各有其美。请你从健康美的角度，谈谈对上述观点的认识和评价。

拓展阅读

2021年9月24日至26日，《光明日报》连续在头版刊发"树立正确的美丑观"系列评论，分别以《让健康之美扎根我们的心田》《让奋斗之美照亮我们的生活》《让崇高之美熔铸我们的灵魂》为题，倡导积极健康的审美观、劳动观、艺术观，启智润心，发人深思。

请认真阅读《让健康之美扎根我们的心田》这篇文章，结合学习和生活实际谈谈如何树立正确的健康审美观。

美的体验

身心一体训练——八段锦

1. 实践目标

知识目标： 通过实践使学生了解八段锦对身体健康的积极意义；八段锦的历史渊源；帮助学生建立身心同重的健康观念；掌握八段锦的技术方法。

身体机能目标： 增强肌肉力量、韧带柔韧性，提高脊柱和关节稳定性，促进血液循环，增强心肺功能。

情感目标： 通过八段锦的练习，感受内心平静和谐的快乐体验。

美育目标： 帮助学生树立身心统一的健康美观念。

2. 要求

（1）技术要求

八段锦共八节，动作名称为：双手托天理三焦，左右开弓似射雕。调理脾胃臂单举，五劳七伤向后瞧。摇头摆尾去心火，两手攀足固肾腰，攒拳怒目增力气，背后七颠百病消。

第一节： 双手托天理三焦。自然站立，两足平开，与肩同宽，含胸收腹，腰脊放松。正头平视，口齿轻闭，宁神调息，气沉丹田。双手自体侧缓缓举至头顶，转掌心向上，用力向上托举，足跟亦随双手的托举而起落。托举六次后，双手转掌心朝下，沿体前缓缓按至小腹，还原。

八段锦动作示范

第二节： 左右开弓似射雕。自然站立，左脚向左侧横开一步，身体下蹲成骑马步，双手虚握于两髋之外侧，随后自胸前向上划弧提至与胸同高处。右手向右拉至与右胸平高；左手捏箭状，向左侧伸出，顺势转头向左，视线通过左手食指凝视远方。稍做停顿后，随即将身体上起，顺势将两手向下划弧收回胸前，并同时收回左腿，还原成自然站立。此为左式，右式反之。左右调换练习六次。

第三节： 调理脾胃臂单举。自然站立，左手缓缓自体侧上举至头，翻转掌心向上，并向左外方用力举托，同时右手下按。举按数次后，左手沿体前缓缓下落，还原至体侧。右手除方向相反外，举按动作同左手。

第四节： 五劳七伤向后瞧。自然站立，双脚与肩同宽，双手自然下垂，宁神调息，气沉丹田。头部微微向左转动，两眼目视左后方，稍停顿后，缓缓转正，再缓缓转向右侧，目视右后方稍停顿，转正。反复六次。

第五节： 摇头摆尾去心火。两足横开，双膝下蹲，成骑马步。上体正下，稍向前探，两目平视，双手反按在膝盖上，双肘外撑。以腰为轴，头脊要正，将躯干划弧摇转至左前方，左臂弯曲，右臂绷直，肘臂外撑，臀部向右下方撑劲，目视右足尖；稍停顿后，随即向相反方向，划弧摇至右前方。反复六次。

第六节： 两手攀足固肾腰。松静站立，两足平开，与肩同宽。两臂平举自体侧缓缓抬起至头顶上方转掌心朝上，向上作托举劲。稍停顿，两腿绷直，以腰为轴，身体前俯，双手顺势攀足，稍做停顿，将身体缓缓直起，双手右势起于头顶之上，两臂伸直，掌心向前，再自身体两侧缓缓下落于体侧。

第七节： 攒拳怒目增力气。两足横开，两膝下蹲，呈骑马步。双手握拳，拳眼向下。顺势头稍向左转，两眼通过左拳凝视远方，右拳同时后拉。随后，收回左拳，击出右拳，要领同前。反复六次。

第八节： 背后七颠百病消。两足并拢，两腿直立、身体放松，两手臂自然下垂，手指并拢，掌指向前。随后双手平掌下按，顺势将两脚跟向上提起，稍做停顿，将两脚跟下落着地。反复六次。

（2）装备要求

个人必备装备： 饮用水、运动衣、运动鞋。

个人选用装备： 太极鞋、武术服。

3. 地点

  操场或室内

4. 实践成果

  （1）为八段锦练习配一首中国古典音乐，并说明其意蕴。

  （2）提交一份总结报告。内容包括：对学习前后的回顾；心理上的变化及其原因；目标达成度分析；改进措施；继续学习的展望。

首届世界职业院校技能大赛开幕式选手表演八段锦

勤劳美

专题九

美的导航

马克思认为:"劳动是人类的本质活动,是财富与幸福的源泉,是推动人类社会进步的根本力量。"人类在辛勤劳动中生存、发展、壮大,勤劳改变世界。人们用勤劳创造了辉煌灿烂的历史,用勤劳创造了奇迹。相传,大禹为了治理洪水,长年在外与民众一起奋战,"三过家门而不入",历时13年,耗尽心血与体力,终于完成了治水的大业。今天的三峡工程是新中国成立以来最大的民生工程之一,也是当今世界最大的水利枢纽工程之一,圆了中国人兴利除患、驾驭江河的梦想。

勤劳是一种社会美德,勤劳创造了美。中华民族五千多年的奋斗与磨炼铸就了勤劳的优秀品质,这种精神绵延不断、经久不衰、延续至今,成为中国人鲜明的内在素质,更是我们创造更加美好幸福生活的源泉。

三峡工程鸟瞰图

一、勤劳美的内涵与特征

（一）勤劳美的内涵

"勤劳"二字自古蕴含辛苦劳作的意思。《说文解字》中有"勤，劳也"的解释；中国古代流传至今的最早的一部类书，唐代著名书法家、文学家虞世南所编的《北堂书钞》，对隋唐以前古文献中"勤劳"一词的典型用法做过归类，分别说明了"勤劳"在古代的具体含义。现代汉语中"勤劳"指忧劳、辛苦，引申为努力劳动、不怕辛苦。勤劳是人们通过辛勤劳动、合作劳动、科学劳动、创造劳动等行为，在创造物质文明、精神文明过程中所结晶出来的物质美、精神美。勤劳美是人们在辛勤劳动中形成和表现出的美，是社会美最基本的内容，它使人自由、自觉的创造活动以及才能、智慧、品格、意志、情感等本质力量最直接、最集中地体现于辛勤劳动之中。

北京大兴国际机场堪称世界级航空枢纽，向世界展示了中国人民的智慧和力量，展示了中国开放包容、和平合作的博大胸怀。京沪高铁是世界上一次建成线路最长、标准等级和技术含量最高的高速铁路，全长1 318千米，设计速度400千米/小时。"复兴号"动车组运营速度达到350千米/小时，是目前世界上运行速度最快的高铁列车。中国为世界高速铁路商业运营树立了新标杆。从"追赶"到"领跑"，中国高铁实现了完美超越。这些都是中国人民辛勤劳动的结晶，是中国人民勤劳美的一种外在表现。

（二）勤劳美的特征

马克思主义认为，劳动创造了美，辛勤劳动首先使劳动自身成为审美对象，使劳动过程、劳动工具、劳动场面、劳动产品成为审美对象。

《庄子·养生主》记载，庖丁为文惠君解牛，"手之所触，肩之所倚，足之所

北京大兴国际机场航拍图

履，膝之所踦，砉然向然，奏刀騞然，莫不中音。合于《桑林》之舞，乃中《经首》之会。"文惠君赞叹其技艺之妙。庖丁解释说，自己平生宰牛数千头，之所以能够游刃有余，是因为他对牛的身体构造极为熟悉，解牛时眼里"未尝见全牛""以神遇而不以目视，官知止而神欲行""依乎天理""因其固然"，所以牛刀虽已用了19年，但仍像刚刚磨好的一样。这个故事充分说明，人类的生产劳动作为调节人和自然关系的感性活动，是合目的性与合规律性相统一的活动，是显现和外化人的本质力量的活动，也就是创造美的活动。

随着社会历史的不断进步，勤劳的美学性质才会逐渐呈现，勤劳美才会摆脱更多束缚，充分展现和发展起来。劳动与实践作为人类对象化改造世界的活动，具有本源上的内在一致性。勤劳美是人们在不断地劳动实践和探索中表现出来的，具有乐于奉献的快乐心理特质。勤劳美具有科学性、合作性、诚实性、创造性、持续性等特征。

二、勤劳美的表现

（一）物质美

人们通过勤奋劳动，创造了衣食住行等生活所需的各种物资。随着时代的发展，劳动者的生产劳动工具不断进步，劳动产品科技含量逐渐提高，改善了人类的生存质量和生活状态，人们的社会生活呈现多姿多彩的面貌。同时，通过辛勤劳动，劳动成果的呈现愈加丰富多彩，满足了人们对美好生活的向往。

我国以不到世界10%的耕地面积，养活了约占全球20%的人口，水稻、小麦自给率保持在100%以上，玉米自给率超过95%，肉、蛋、菜、果、鱼、茶等产量稳居世界第一。"菜篮子"丰富，"米袋子"充实，"果盘子"多彩，中国人的饭碗牢牢端在我们中国人自己的手中，体现了中国特色社会主义制度的优越性，为应对各种风险和挑战赢得了主动，夯实了全面建设社会主义现代化强国的农业基础。

过去，伟大的中国人民依靠勤劳，造就了中华民族灿烂的历史文明；今天，我们依然依靠勤劳，取得了民富国强的辉煌成就。早在14世纪，摩洛哥大旅行家伊本·白图泰就曾长途跋涉来到中国，并在《伊本·白图泰游记》中留下了有关中国人辛勤劳动的文字。他描述泉州："刺桐城的港口是世界大港之一，港内泊巨舸百艘，小船无数。"谈及丝绸："当地产丝绸极多，一件布衣，可换绸衣多件。"谈及瓷器："瓷器价格在中国，如陶器在我国一样或更为低廉。中国瓷器运销印度，直至马格里布，是瓷器中的精品。"他赞扬中国人的绘画技巧："我只要走进一座城市，不久再回来时便看到我和同伴的像已被画在墙上、纸上，陈列在市场上。"这些都颇令他"惊异"。他认为，勤劳已经深入中国文化中，正是人们的辛勤劳动推动着中国不断发展进步。在几百年后的今天，摩洛哥驻华大使在接受采访时说，改革开放政策助力中国取得巨大发展，中国的发展能有今日的成绩绝非偶然，中国人是依靠勤劳推动发展进步的，勤劳仍然是中国文化的重要内涵。

"菜篮子"满满

喜获丰收

（二）精神美

辛勤劳动在使人获得丰富的物质资料的同时，也能使人获得精神上的满足和愉悦。人们在辛勤劳动中，通过自身的社会实践，有计划、有目的地改造自然环境、社会环境等，创造性地生产出人类所需的物资。同时通过辛勤劳动不断满足人们的精神需求，改变历史发展、改善人类生存环境，使自身价值、社会价值得到更多的认可，由此产生极大的价值感、自豪感和成就感，使劳动者获得精神幸福的满足。宋代农学家陈敷说："勤劳乃逸乐之基也。"意思是说，勤劳是令人感到舒适欢乐的根基。李大钊也说："我觉得人生求乐的方法，最好莫过于尊重劳动。一切乐境，都可由劳动得来，一切苦境，都可由劳动解脱。"

历史和实践已经证明，勤劳是点燃智慧的火把。懒惰者，永远不会在事业上有所建树，永远不会使自己变得聪明起来。唯有勤劳者，才能在知识的海洋里畅游，才能达到成功的彼岸。事实上也是如此。没有一个人能够因为不勤劳而取得成功，因为任何人，即便他在某一方面的造诣很深，也不能够说他已经彻底精通了所有门类的知识，"生命有限，知识无穷"，任何一门学问都是无穷无尽的海洋，都是无边无际的天空。所以，谁也不能够认为自己已经达到了最高境界而停步不前、疏于学习。我们每个人都要养成勤劳的优秀品格。勤劳出智慧，勤劳出成果。

当今时代是创新的时代。新的知识、新的技术，不是凭空想出来的，而是在辛勤劳动中创造出来的。青年大学生树立"劳动光荣、技能宝贵、创造伟大"的观念，培养尊重劳动、热爱劳动、享受劳动的精神，十分必要。

一 古代社会中的勤劳美

（一）古代诗词里的勤劳美

细细品味我国古代诗歌作品，历代文人墨客留下了许多关于辛勤劳作的传世诗篇，歌颂着勤劳之美、勤劳之乐。《诗经》里面记录了大量描绘辛勤劳动的场景。《魏风·十亩之间》是一首采桑歌："十亩之间兮，桑者闲闲兮。行与子还兮。十亩之外兮，桑者泄泄兮。行与子逝兮。"这首歌谣描绘了一幅宁静安详的辛勤劳动画面：在茂密的桑园里，采桑女辛勤地采摘，桑叶采得满筐满篓，该回家了，于是背起筐篓，结伴同行，一路笑语喧哗，表现了桑园里的和乐气氛和劳动后的欢快心情。那么《小雅·无羊》是一首放牧歌：蓝天白云下，山野里撒满了牛羊，有的吃草，有的走下山坡，有的在池塘饮水，有的调皮地撒欢，悠闲的牧人披着蓑衣、戴着斗笠、背着干粮。《周南·芣苢》是一首采药歌：小诗章节回环复沓，通过反复咏唱，让我们仿佛看到三五成群的女子在山坡旷野劳作，她们一边采摘车前草，一边纵声放歌，好不美丽。如果说《周南·芣苢》是一首浸染着田野风的抒情小调，那么《大雅·緜》则是一首气势磅礴的创业者之歌，记载周人为了生存和发展进行了一次大规模迁徙，开疆辟土，建设家园，是一首带有史诗性质的古代歌谣。

唐代是诗歌的盛世。李白在《秋浦歌》中写道："炉火照天地，红星乱紫烟。赧郎明月夜，歌曲动寒川。"这是一首正面描写和歌颂冶炼工人的诗歌，这类题材在我国浩如烟海的古典诗歌中较为罕见，因而极为可贵。透过短短20个字，我们不难感受冶炼工人的辛苦以及诗人在字里行间对他们的赞美之情。白居易在《观刈麦》中写道："田家少闲月，五月人倍忙。夜来南风起，小麦覆陇黄。妇姑荷箪食，童稚携壶浆。相随饷田去，丁壮在南冈。足蒸暑土气，背灼炎天光。力尽不知热，但惜夏日长。"这首诗描写了妇人领着小孩为正在田里割麦的青壮年送饭送水,青壮年则在南冈麦田低着头割麦,脚下暑气熏蒸,背上烈日烘烤,已经累得筋疲力尽但还不觉得炎热,只是珍惜夏天昼长能够多干点农活。

宋代范成大在《四时田园杂兴·其四十四》中是这样描写农民通宵打稻,辛勤劳动而收获快乐的:"笑歌声里轻雷动,一夜连枷响到明。"在另一首同题诗里写道:"昼出耘田夜绩麻,村庄儿女各当家。童孙未解供耕织,也傍桑阴学种瓜。"这些作品生动形象地描绘了男耘田、女织麻、孩童学种瓜等饶有意趣的农家生产小景。

春夏耕耘,秋冬收藏;昏晨力作,夜以继日。美好的生活需要勤劳的双手来创造,辛勤劳动成为人类永远的主题。在古代,虽然没有一个固定的节日庆祝辛勤劳动,但这丝毫不影响人们对勤劳生活的热爱之情。而今,我们从流传千年的古韵里,依然能够读出人们对美好生活的向往,对辛勤劳动收获幸福快乐的期盼。

(二)古代绘画作品中的勤劳美

在中国古代绘画中,反映劳动场面的题材,多集中在农事,这跟我国古代以农耕为主的生产方式分不开,历代统治者都十分重视农耕、桑蚕、纺织乃至渔事等。

《耕织图》是中国古代为劝课农桑,采用绘图的形式翔实记录耕作与蚕织的系列图谱。南宋绍兴年间,于潜县令楼璹将绘制的《耕织图》呈献给宋高宗,深得高宗赞赏并获得吴皇后题词。皇上还专门召见他,并将其《耕织图》宣示后宫,一时朝野传颂,从而引发了《耕织图》发展的第一次高潮。随后社会上接连不断地出现了许多《耕织图》,形成了中国绘画史、农业史、科技史、艺术史中一个独特的现象,成为中国文化遗产的一大瑰宝。

绢本《胤禛耕织图册·收刈》(陈枚,清)

在历代耕织图中，现存于故宫博物院的《胤禛耕织图册》最为精美独特。画册用笔精工，刻画细致入微，人物形象生动逼真。山水之间，绿树成荫，村舍阡陌，鸡犬相闻；成人辛勤劳动，孩童放牧送饭，或绕膝嬉戏，或牵衣相看，栩栩如生，使观者身临其境。一种丰衣足食、安居乐业的劳作景象跃然纸上，宛如一幅桃花源式的田园风情画卷。这件作品深藏故宫三百年，到今天已成为非常珍贵的文物与艺术品，被视为镇馆之宝。乾隆皇帝将元代程棨摹本置于盒内，收藏在圆明园贵织山堂，同时命画院临摹刻石，所刻之石也同藏于圆明园。他还把清漪园（颐和园）的一处富有田园风光的景致命名为"耕织图"，把关系到国计民生的衣食之本，用艺术与现实相结合的手法镶嵌在清漪园绚丽的湖光山色之中。

现藏于西安碑林博物馆的东汉《牛耕图》画像石刻画了两头矫健壮硕的耕牛，一根横木架在两头牛的胛背上，两牛共挽一犁。扶犁者身高力健，扬鞭跨步，仿佛巨人般威风凛凛，充盈着一种震慑人心的非凡气场。处于陪衬地位的一个小童，亦步亦趋，全神贯注，手伸入布袋掏籽点种。整个画面浑厚大气，融洽和谐，全景式地展现了古代铁犁牛耕的劳动场面，复活了一个时代的生命气息。

画像石《牛耕图》（东汉）

（三）古代建筑中的勤劳美

中国的古代建筑是中国传统文化艺术审美的精华所在。在古老广袤的土地上，古建筑如同一颗颗无价的珍宝点缀在中华大地上，成为历史最深厚的见证者。中国古建筑不仅是艺术、是生活，更是中华民族勤劳与智慧的见证。

长城，又称万里长城，是中国古代的军事防御工事，是一道高大、坚固而且连绵不断的长垣，用以阻隔敌骑的侵扰。长城不是一道单纯孤立的城墙，而是以城墙为主体，同大量的城、障、亭、标相结合的防御体系。长城修筑的历史可上溯到西周时期。春秋战国时期列国争霸，互相攻防，长城修筑进入第一个高潮，但此时修筑的长度都比较短。秦灭六国统一天下后，秦始皇连接和修缮了战国长城，形成了西起临洮、东至辽东的万里城垣，始有万里长城之称。此后历代不断

万里长城

修筑，明朝是最后一个大修长城的朝代，今天人们所看到的长城多为明长城，主要分布在河北、北京、天津、山西、陕西、甘肃、内蒙古、黑龙江、吉林、辽宁、山东、河南、青海、宁夏、新疆这15个省区市。其中河北省境内长度达2 000多千米，陕西省境内长度达1 838千米。根据文物和测绘部门的全国性长城资源调查结果，明长城总长度为8 851.8千米，秦汉及早期长城超过1万千米，总长度超过2.1万千米。1987年12月，长城被联合国教科文组织列入《世界文化遗产地名录》。

北京故宫是中国明清两代的皇家宫殿，旧称为紫禁城，位于北京中轴线的中心，是中国古代宫廷建筑的精华，也是世界上现存规模最大、保存最为完整的木质结构古建筑之一。北京故宫于明成祖永乐四年（1406）开始建设，以南京故宫为蓝本营建，到永乐十八年（1420）建成。这里曾居住过24位皇帝，是明清两代的皇宫，现为"故宫博物院"。故宫的整个建筑金碧辉煌，庄严绚丽，被联合国教科文组织列入《世界文化遗产地名录》。它是一座长方形城池，南北长961米，东西宽753米，四面围有高10米的城墙，城外有宽52米的护城河，总面积约为72万平方米，传说有殿宇宫室9 999间半，被称为"殿宇之海"。紫禁城内的建筑分为外朝和内廷两部分。外朝的中心为太和殿、中和殿、保和殿，统称

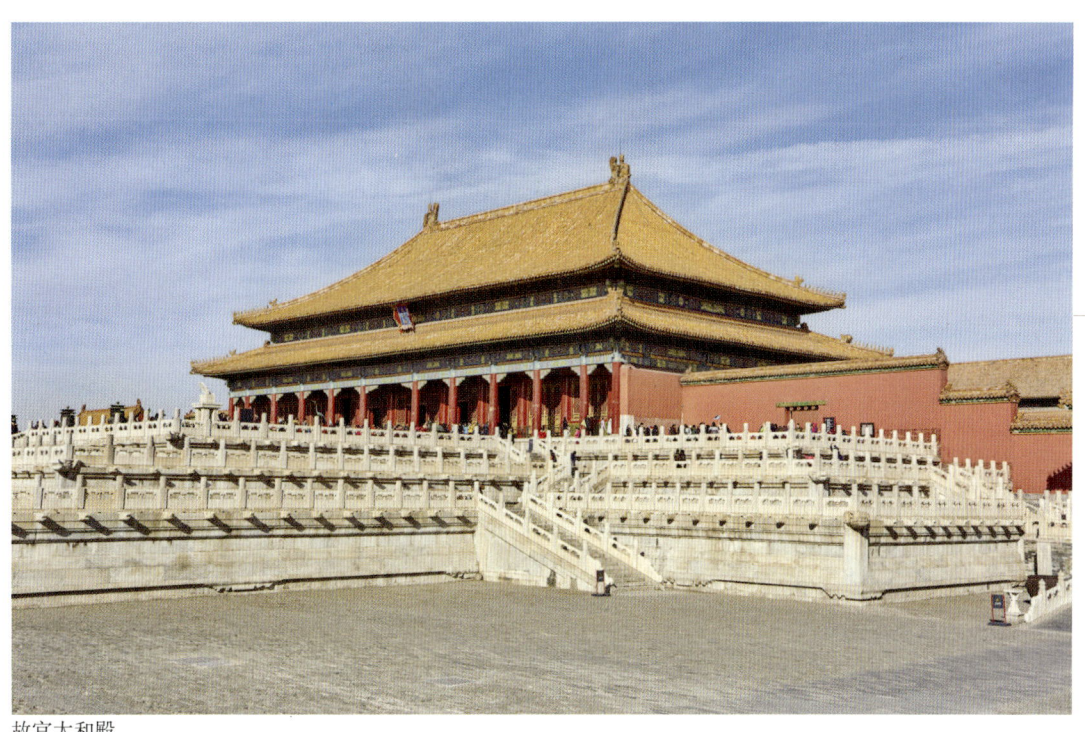

故宫太和殿

"三大殿",是国家举行大型典礼的地方。内廷的中心是乾清宫、交泰殿、坤宁宫,统称"后三宫",是皇帝和皇后居住的正宫。整座故宫气魄宏伟,极为壮观。无论是平面布局、立体效果,还是形式上的雄伟堂皇,都堪称无与伦比的杰作,是中国人民勤劳和智慧的结晶。

二 现代社会中的勤劳美

(一)现代文学艺术中的勤劳美

现代文学中描绘、赞美勤劳美的作品不胜枚举。柳青《创业史》中的青年农民梁生宝在互助组、合作社时期带领乡亲们致富,成为具有重要文学史意义的经典形象。莫言《透明的红萝卜》中的小铁匠虽然没有得到菊子姑娘的爱情,但是他在打铁时展现出来的勤劳美,把菊子姑娘震撼到了。路遥《平凡的世界》中,孙少平来到铜城大牙湾煤矿,靠自己的辛勤劳动赢得了尊严。张柠《三城记》中"80后"城市青年顾明笛,经历了不同的人生阶段,最终还是跟随爱人劳雨燕到河北农村去参加农业劳动,才找到了人生的意义和归宿。

中国画《九州无事乐耕耘》(徐悲鸿,1951)

　　反映劳动、赞美劳动的歌曲广泛流传。《草原牧歌》《采茶歌》《黄河号子》等歌曲,对辛勤劳动的反映起到一定的鼓舞和调节情绪的作用。人们在修路或筑坝时,经常唱"夯歌",边打夯边唱,一人起头,众人应和,歌词即兴发挥,出口成章,合辙押韵,活泼风趣。这种随口创作的"夯歌",使人们在高强度的劳动条件下心情愉快、精神饱满,在不自觉的美的体验中消除了疲劳。

　　劳动是现代绘画作品的重要题材,艺术家善于用自己独特的视角来表现勤劳美,赞颂勤劳美。徐悲鸿的《九州无事乐耕耘》创作于1951年,通过描绘三位农民辛勤劳动的画面展现了劳动生活中的平凡勤勉之美,让人体味普通生活中的伟大之处,从中也可以感受到他对勤劳农民的满腔敬意。

　　李焕民完成于1963年的《初踏黄金路》,反映的是西藏民主改革主题。据李焕民回忆:"农奴们得到解放,有了自己的土地和生产资料,劳动起来也非常兴奋。秋收的时候,他们傍晚把粮食收回来堆到院子里,晚上就不停地唱歌跳舞,高兴得不想睡觉。当时我到西藏写生,半夜时经常被他们的歌声唤醒。"作品以象征着丰收的金黄色为主调,与其作对比的黑、白、红三色突出了欢乐自信的藏族妇女。画面线条饱满有力,恰到好处地表现了藏族人民喜迎丰收的心情。

　　王文彬创作的《夯歌》现藏于中国美术馆。这幅作品是王文彬的毕业创作,也是他的代表作。创作《夯歌》时,王文彬可谓几经周折、煞费苦心。他在沂蒙山区写生的时候,看到朴实的劳动姑娘一边打夯一边唱,唱得铿锵有力,被深深打动,决定创作此画。他深入农村知识青年中间,去黄河水利工地加深对生活的感受。经过反复尝试,他对色彩表现形式和构图进行了多次修改,最终成就了这幅饱含激情的《夯歌》。

　　广廷渤于1981年创作的《钢水·汗水》,从创意、体验生活、写生到完成作品经过了大约三年的时间。他摆脱了此前直接描写炉前工紧张劳动的套式，通过对四位炼钢工人汗流浃背、解衣透凉、举杯痛饮等情境的细致描写，间接传达了要表达的主题：优质的钢铁是由工人勤劳的汗水换来的。该作品在中国美术馆馆藏陈列中，时常与罗中立的《父亲》相邻，相映成趣、耐人寻味，从不同侧面体现着勤劳之美。

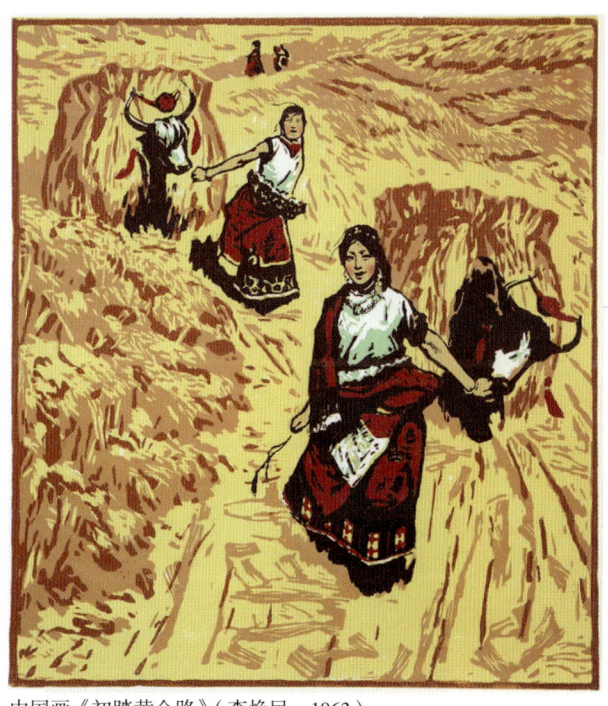

詹建俊于1984年创作的油画《潮》，现藏于中国美术馆。画家以夸张的写意手法，塑造了一位顶天立地、充满信心的当代中国青年农民形象，被誉为"20世纪80年代中国改革开放的缩影"。

中国画《初踏黄金路》（李焕民，1963）

一幅幅作品如徐徐展开的画卷，展示了劳动人民的勤劳付出与快乐收获。

（二）现代工程中的勤劳美

在社会主义现代化建设进程中，伟大的中国人民依靠勤劳和智慧创造出了一个个震惊世界的伟大工程。

青藏铁路，简称青藏线，全长1 956千米，是一条连接青海省西宁市和西藏自治区拉萨市的国铁I级铁路，是中国新世纪四大工程之一，是通往西藏腹地的第一条铁路，也是世界上海拔最高、线路最长的高原铁路。

为建造"可与长城媲美"的人类历史上的伟大工程——青藏铁路，数万名铁路建设者开进了雪域高原。建设者历时五年，克服重重困难，完成了世界海拔最高的高原冻土隧道——风火山隧道；世界上海拔最高的车站——唐古拉车站；世界上最长的高原铁路隧道——羊八井1号隧道等控制性工程，终于在2006年7月1日实现了全线通车。这无疑是一条新世纪的"长城"，它凝聚着无数劳动者的辛勤劳动与无私奉献，展现着我们这个时代的精神风貌。

2018年10月23日，港珠澳大桥开通仪式在广东珠海举行。此后，香港、珠海、澳门三地间的时空距离大大缩短——驾车从香港到珠海、澳门，将从3小时缩短至45分钟，珠三角西部都将被纳入香港3小时车程范围。港珠澳大桥历经5年规划、9年建设，前后历时14年，是世界上最长的跨海大桥，也是迄今为止中国建设史上里程最长、投资最多、难度最大的跨海桥梁项目，大桥东接香港特别行政区，西接广东省（珠海市）和澳门特别行政区，全长55千米，主体工程集"桥—岛—隧"于一体，包括22.9千米的钢结构桥梁，6.7千米建设在海平面以下40米深处的、世界上最长的海底沉管隧道，以及连接隧道和桥梁的东西人工岛。港珠澳大桥是在"一国两制"框架下粤港澳三地首次合作共建的超大型基础设施项目。作为中国从桥梁大国走向桥梁强国的里程碑之作，该桥被业界誉为桥梁界的"珠穆朗玛峰"，被媒体称为"现代世界七大奇迹"之一。

青藏铁路

港珠澳大桥

人工天河——红旗渠

美的欣赏

红旗渠

> 祖祖辈辈缺水盼水,红旗渠引来了漳河水。
> 水库蓄住了山谷水,红旗渠灌满了库池水。
> 浇地渠库池齐放水,一渠水可顶两渠水。
> 平整土地合理浇水,大家都来节约用水。
> 关键保好渠管好水,林县就不再愁缺水。

这首《赠言十水》,是原林县(今河南省林州市)县委书记杨贵于1990年重返红旗渠时亲笔写下的。20世纪60年代,林县人民为解决缺水难题,克服重重困难,在太行山悬崖峭壁上凿山开渠,修建了红旗渠。

红旗渠以浊漳河为源,渠首在山西省平顺县石城镇侯壁断下。林县人民沿漳河南岸绕悬崖、越峡谷,逢山开洞,遇河架桥,开凿长达70.6千米的总干渠,渠墙高4.3米,渠底宽8米。从分水岭向下,分凿3条干渠。第一干渠向西南经姚村镇、城郊乡到合涧镇与英雄渠汇合,全长39.7千米,著名工程有桃园渡桥,桥长100米,高24米,宽6米,其上可行汽车。第一干渠与英雄渠汇流处称"红英汇流"，渠水奔腾，飞瀑喷雪，好似银河倾泻。第二干渠全长47.6千米，向东南经姚村镇、河顺镇到横水镇马店村。第三干渠长10.9千米，东北流经曙光洞向东到东岗乡东芦寨村。红旗渠工程于1960年2月动工，至1969年7月支渠配套工程全面完成，历时近10年。整个工程劈开山头1 250座，凿通隧洞211个，架设渡槽151条，挖砌土石达2 225万立方米，用工4 000多万个，修建各种建筑物12 408座。据计算，如把这些土石垒筑成高2米、宽3米的墙，可纵贯祖国南北，绕行北京把广州与哈尔滨连接起来。勤劳勇敢的林县人民，苦战十个春秋，仅仅靠着一锤、一铲、两只手，在太行山悬崖峭壁上修成了红旗渠，结束了十年九旱、水贵如油的苦难历史。红旗渠的建成，彻底改善了林县人民靠天等雨的恶劣生存环境，解决了人畜饮水的困难。全县形成了"引、蓄、提"相结合的水利网，建水库、池塘400多个，建中小型水电站80多个，灌溉面积40万亩，并提供了工业用水。

　　红旗渠是林县人民发扬"自力更生，艰苦创业、自强不息、开拓创新、团结协作、无私奉献"精神创造的一大奇迹，是党和人民刻在太行山岩上的一座丰碑。20世纪70年代，周恩来总理曾自豪地告诉国际友人，"新中国有两大奇迹，一个是南京长江大桥，一个是林县红旗渠"。红旗渠精神是林州人民的传家宝。改革开放以来，林州人民不断赋予红旗渠精神新的内涵，将中华民族艰苦奋斗的传统美德与时代精神结合起来，谱写了气壮山河的"战太行、出太行、富太行"创业三部曲，实现了林州由山区贫困县向现代化新兴城市、生态旅游城市的跨越。

　　红旗渠被今天的林州人民称为"生命渠""幸福渠"。习近平总书记常说"幸福是奋斗出来"，红旗渠就是林州人民辛勤劳动付出的巨大成就，就是林州人民用辛勤劳动创造的幸福源泉。

美的视窗

话题探讨

要成功，勤劳重要还是机会重要？

正方：我方认为成功在于勤劳，勤能补拙、天道酬勤、业精于勤荒于嬉。从我们祖宗的经验和总结中就可以判断出，勤劳是成功的基础，是成就事业的基石。

反方：古语有："机不可失，时不再来"。托马斯·富勒说："一个明智的人总是抓住机遇，把它变成美好的未来。"拉罗什福科说："仅仅天赋的某些巨大优势并不能造就英雄，还要有运气相伴。"柏拉图说："一个人不论干什么事，失掉恰当的时节、有利的时机，就会全功尽弃。"柳青在《创业史》中说："人生的道路虽然漫长，但紧要处往往只有几步，特别是当人年轻的时候。"古今中外，任何一个成功人士都离不开恰当的时机，是机会造就了他们的辉煌和成就。

探讨：你认为"要成功，勤劳重要还是机会重要？"

拓展阅读

用技能点燃梦想——郭子旭

郭子旭来自安徽省阜阳市颍上县，父母都是残疾人，家庭条件非常艰苦。上中学时，由于学习成绩不理想，他一度很迷茫，看不清未来的方向。郭子旭从小对汽车有着浓厚兴趣，毕业后父母把他送到了汽车修理厂学习，但是他很快就离开了修理厂，他说："我很喜欢汽车，可在修理厂时大部分时间都是在洗车，根本学不到真正的技术，我想在汽车领域有所发展，只能选择一所专业的汽修学校学习。"自从有了这个念头，郭子旭就没有停止脚步，最终成功就读安徽万通新能源汽车技术工程师专业，开启了自己的技能成才之路。

秉持着对汽车技术的浓厚兴趣以及以技能回报父母、改善家庭生活的强烈愿望，郭子旭在学习中刻苦钻研，勤于思考。在老师们的悉心指导和自身的不懈努力下，他不仅在必修课上名列前茅，还主动参加多门选修课来提升自己的知识储备。每日的真车实训，他都专注于动手实践，很快便掌握了新能源汽车方面的专业技能，并参与学校方程式赛车的制造与组装。在校期间，他先后两次参加中国技能大赛全国新能源汽车关键技术技能大赛，并荣获汽车装调工轻量化项目一等奖。

在全国新能源汽车关键技术技能大赛上，大赛组委会根据技术要求提供驱动电机、动力电池及整车控制系统。在此基础上，郭子旭自行选择轻量化材料、利用轻量化制造工艺对铝镁合金、高强度钢及碳纤维进行加工，制作出防滚架、车身及车架等部件，同时设计制作出具有轻量化意义的座椅、转向、制动、行驶、传动、电池防撞箱等部件，以轻量化结构设计、加工并安装各个总成和装置，最终制造出可运行的场地赛车。组委会通过技术方案展示、车辆装配与调试、车辆轻量化效果测试来综合评判车辆的轻量化水平，以此检验选手们的相关技能，并对郭子旭的技能展示一致打出高分。

回首郭子旭的技能成才之路，有努力有汗水，有温暖有感动，有矢志不渝的梦想，更有鼓舞人心的力量！

讨论：请结合你所学的专业，谈一谈如何通过辛勤的劳动、利用专业技能创造幸福生活，并从中体验勤劳之美。

美的体验

"劳动最光荣"漫画

"劳动最光荣"主题实践活动

1. 活动主题

劳动最光荣

2. 活动宗旨

"劳动创造美好生活"是每个劳动者的美好追求，通过主题实践活动，让学生明确辛勤劳动是一种锻炼、是一种美德、是一种修养，牢固树立"劳动最光荣、劳动最崇高、劳动最伟大、劳动最美丽"的观念。注重教育实效，实现知行合一，引领学生崇尚劳动、尊重劳动、热爱劳动，促进学生全面发展。

3. 活动时间

双休日及节假日

4. 活动实施

（1）以劳立德：聆听一位最美劳动者故事并撰写心得

寻找一位身边最美的劳动者，如医生、教师、工人、社区志愿者等，用心聆听劳动者讲述自己的故事并形成心得体会，发现劳动者的光荣与梦想，树立正确的劳动观，崇尚劳动、尊重劳动，增强对劳动人民的感情。

（2）以劳育美：发起一次"劳动最光荣"主题线上分享

在微博、微信朋友圈、QQ空间、企业微信等平台发起一次"劳动最光荣"的主题分享，分享自己在劳动中的所思所想所感，弘扬劳动精神，传递正能量，树立正确的劳动价值观。

（3）以劳创新：设计一项与专业相关的特色劳动实践

结合自身专业、产业新业态，开展劳动实践。既可以通过调研来撰写实践报告，也可以发挥专业特长进行海报、歌曲、小视频、文学作品创作等，实现知行合一。

（4）以劳奉献：参与一项有意义的志愿服务

深入城乡社区、福利院、中小学等公共场所参加志愿服务，开展公益劳动、困难帮扶、"大手牵小手"、护绿植绿、文明交通劝导等活动，培养学生热爱劳动、服务他人、奉献社会的良好品质，用实际行动践行社会主义核心价值观。

艺术美

专题十

美的导航

据《列子》《吕氏春秋》等文献记载：春秋时期有位叫伯牙的琴师，精通琴艺，擅长作曲。一年中秋之夜，伯牙在汉阳江口停留。皓月当空，一江澄碧；江岸山色，清晰如画。伯牙顿觉心旷神怡，悠然抚琴弹奏。琴声时而雄壮、高亢，如金石相击，声震云霄；时而舒缓、悠扬，若山涧清溪，婉转流淌。一曲终了，忽从背后传出赞语："善哉，峨峨乎若泰山；善哉，洋洋乎若江河。"伯牙幸遇知音，心中惊喜，循声望去，乃山中樵夫钟子期。两人相见恨晚，遂结为兄弟，并相约来年中秋继续相会。然而世事难测，第二年中秋，伯牙如期而至，子期却因病去世。伯牙来到子期坟前，纵情弹奏《高山流水》。琴音曼妙缭绕，空灵清奇处沁人心脾，苍茫辽远处引人深思。高山巍巍，流水潺潺；斯人已逝，真情永驻！千百年来，这个美丽的故事一直在我国广为流传。

高山流水遇知音的故事之所以美丽，在于它潜藏着艺术美创造、艺术美欣赏等丰富深邃的艺术美规律。朋友，你愿意追随艺术美的脚步，探索艺术美的奥秘，从而养成鉴赏甚至创造艺术美的能力吗？

中国画《高山流水》（孙龙超、赫涛合作）

美的认知

当今时代，艺术美已经渗透进了我们生活的方方面面。以大学生在学校的日常生活来看：清晨，一曲清新悠扬的校园音乐把你从梦中唤醒；睁开眼，印在宿舍窗帘上的丛丛兰花似乎正散发着幽香；推开窗，映入你眼帘的是对面花园中那四角翘起的亭子。此时，你的心情也会随着那如鸟翼般轻灵飞扬的亭子而轻松愉悦起来。可能在短短一刻钟之内，你已聆听了音乐美的节奏与旋律、欣赏了绘画美的构图与线条、领略了建筑美的布局与韵律……这些仅仅是艺术美浩瀚海洋中的几朵小小浪花，但是它们已经悄悄地愉悦了你的感官，润泽了你的情绪，并且在不经意之间轻轻地拨动了你那挚爱真善美的心弦。艺术美润泽了你的好心情，又开启了你的新生活。

那么，艺术美的内涵和特征是什么？它又有怎样的表现形态？

一、艺术美的内涵与特征

（一）艺术美的内涵

艺术美与生活美、自然美等现实美不同，它不是天然存在的美，而是艺术家在丰富的生活实践基础上，经过独特的艺术想象与构思，运用特定的艺术媒介创造出来的，能够被欣赏者体验和感知的艺术作品的美。

艺术美的内涵包括主客交融、有机互动的四种要素：现实生活、艺术家、艺术品和欣赏者。其中，艺术家和欣赏者是艺术创造和艺术欣赏的主体，现实生活和艺术品是艺术创造和艺术欣赏的客体。艺术创造是主客交融的，恰如我国南朝文学理论家刘勰在《文心雕龙·物色》中所言："写气图貌，既随物以宛转；属采附声，亦与心而徘徊。"艺术欣赏同样是主客交融的，欣赏者只有和艺术品发

```
                    艺术作品
                       |
        艺术家 ←————————+————————→ 欣赏者
                       |
                    生活世界
```

艺术审美活动关系图

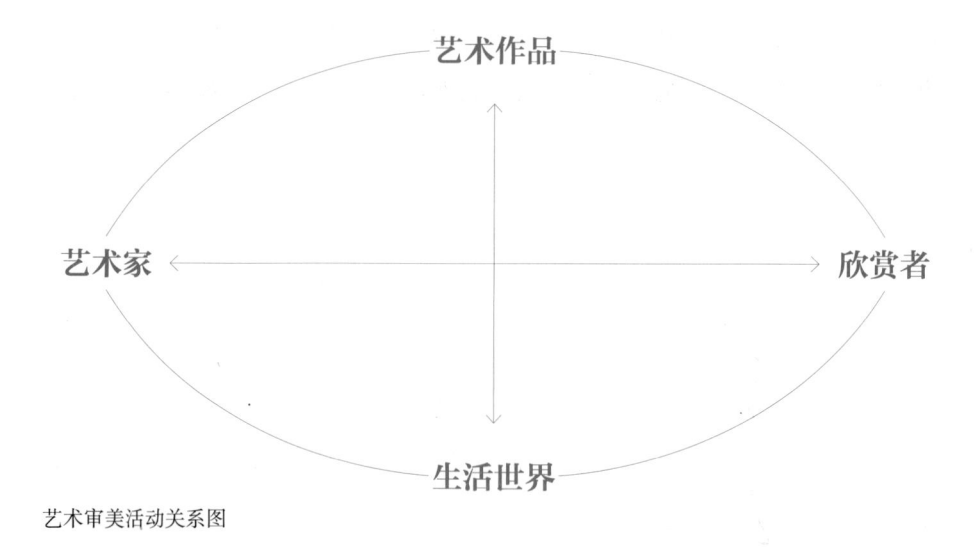

生深切的互动共鸣，才能领略艺术品之美。在《琵琶行》中，唐代诗人白居易对浔阳江上的琵琶声欣赏得如痴如醉，关键就在于他从那"大弦嘈嘈如急雨，小弦切切如私语。嘈嘈切切错杂弹，大珠小珠落玉盘。"的琵琶声中，听出了"同是天涯沦落人，相逢何必曾相识。"的深切情感共鸣。

同时，艺术美蕴含的这四种要素是有机互动地融合在艺术美所创造和欣赏的整个艺术审美活动中的。这一活动的主体是具有审美意识和审美创造能力的人（艺术家），活动的客体是不断发展变化且生生不息的大千世界，活动的产品是形态各异、缤纷多彩的艺术作品（包括：文学、绘画、雕塑、建筑、音乐、舞蹈、戏剧、曲艺、电影、电视、工艺等门类的作品），活动的目的是满足人们（欣赏者）情感的、想象的、审美的精神需要，活动的特征是形象性、主体性与审美性的交融，活动的媒介是诉诸人类视听觉感官的声音、色彩、线条、动作等符号系统，活动的物质化载体是随着人类改造世界的广度和深度而不断发展变化，由原始社会的石器、陶器、青铜器到20世纪以来的电影、电视和网络媒介等。

（二）艺术美的特征

1. 栩栩如生的艺术形象

无论何种形态的艺术美，形象性均是其首要特征。所谓艺术的形象性主要是指艺术品以栩栩如生的个体性表现具有群体共性的典型形象。譬如，当我们欣赏北宋画家张择端的《清明上河图》时，首先感知的是绘画艺术的语言：兼工带写的用笔，古朴淡雅的设色，疏密有致的构图；然后从中获得了栩栩如生的艺术场景和艺术形象：商船云集的汴河码头，商铺林立的汴河两岸，熙来攘往的各色人物；最后从这些独具个性的艺术形象中，欣赏者可以形象化地感知到北宋徽宗宣和、政和年间都城东京清明时节东门内外、汴河两岸繁华富庶的景象，进而感受到画家对社会生活的深刻洞察力和高超的艺术表现能力，激发其对宋朝城市生活等历史文化的学习热情。

在上述艺术美欣赏体验历程中，欣赏者从感知美的形式，到感受美的形象，再到领悟美的意蕴，从外到内，通过表层艺术语言的门户，经历与艺术个性形象的强烈共鸣，达成对艺术形象典型意蕴的深层把握。由此可见，在艺术美的接受或价值实现过程中，艺术形象的情感感染和想象力激发发挥着至关重要的桥梁作用。可以说，如果失掉了栩栩如生的艺术形象，就等于砍断了艺术欣赏沟通交流的桥梁，艺术就难以激发欣赏者的丰富想象力和强烈情感共鸣，也就失掉了别具魅力的审美特质。

2. 气韵飞动的主体性

艺术美的主体性特征从根本上说来源于艺术家审美表现的主体性，从接受上看则在于欣赏者审美接受的主体性。

就艺术家审美表现的主体性来看，不同艺术家在面对同一客观事物进行创作时，可能由于时代环境、个性气质和审美追求的巨大差异而呈现出迥异的风格。例如，南宋爱国词人陆游和毛泽东同志均创作有《卜算子·咏梅》，然而艺术形象的审美风格却全然不同。在陆游的词作中，艺术形象这样呈现："驿外断桥边，寂寞开无主。已是黄昏独自愁，更著风和雨。//无意苦争春，一任群芳妒。零落成泥碾作尘，只有香如故。"梅花成为感伤、寂寞、忧愁又怀才不遇的传统士人的精神自况。在毛泽东笔下，境界迥然不同，那梅花"风雨送春归，飞雪迎春到。已是悬崖百丈冰，犹有花枝俏。//俏也不争春，只把春来报。待到山花烂漫时，她在丛中笑"。梅花则成为豪迈、乐观、坚定、自信的革命乐观主义精神的象征。这种差别的原因在于，艺术形象既是艺术家从现实生活中选择和萃取出来的，更是艺术家结合个人心境和时代风潮精心构思、推陈出新的主体性创造成果。这样一来，艺术形象自然被打上艺术家风格化审美追求的深刻烙印，从而才显得气韵生动，风格独具，感人至深，广为流传。

就欣赏者审美接受的主体性来看，对于同一审美对象，不同的审美主体或同一审美主体在不同时期或不同心境状态下都会有不同的审美感受。例如，对于那天籁与人籁完美交融的民族音乐《百鸟朝凤》，在欣赏的过程中，作为审美主体性的人，通过唢呐生动的表现力，有人感觉似乎听到了各种鸟的叫声；有人感觉似乎是一位热情奔放的北方女人在动情地诉说；有人从中分明感觉到了一种热闹的生活气息；有人则从中感受到了大自然的勃勃生机。对于同一审美对象，不同的审美者会获得绝不雷同的审美体验，这就是艺术美接受过程中的主体性特点。

风俗画《清明上河图》（局部）（张择端，北宋）

报春图

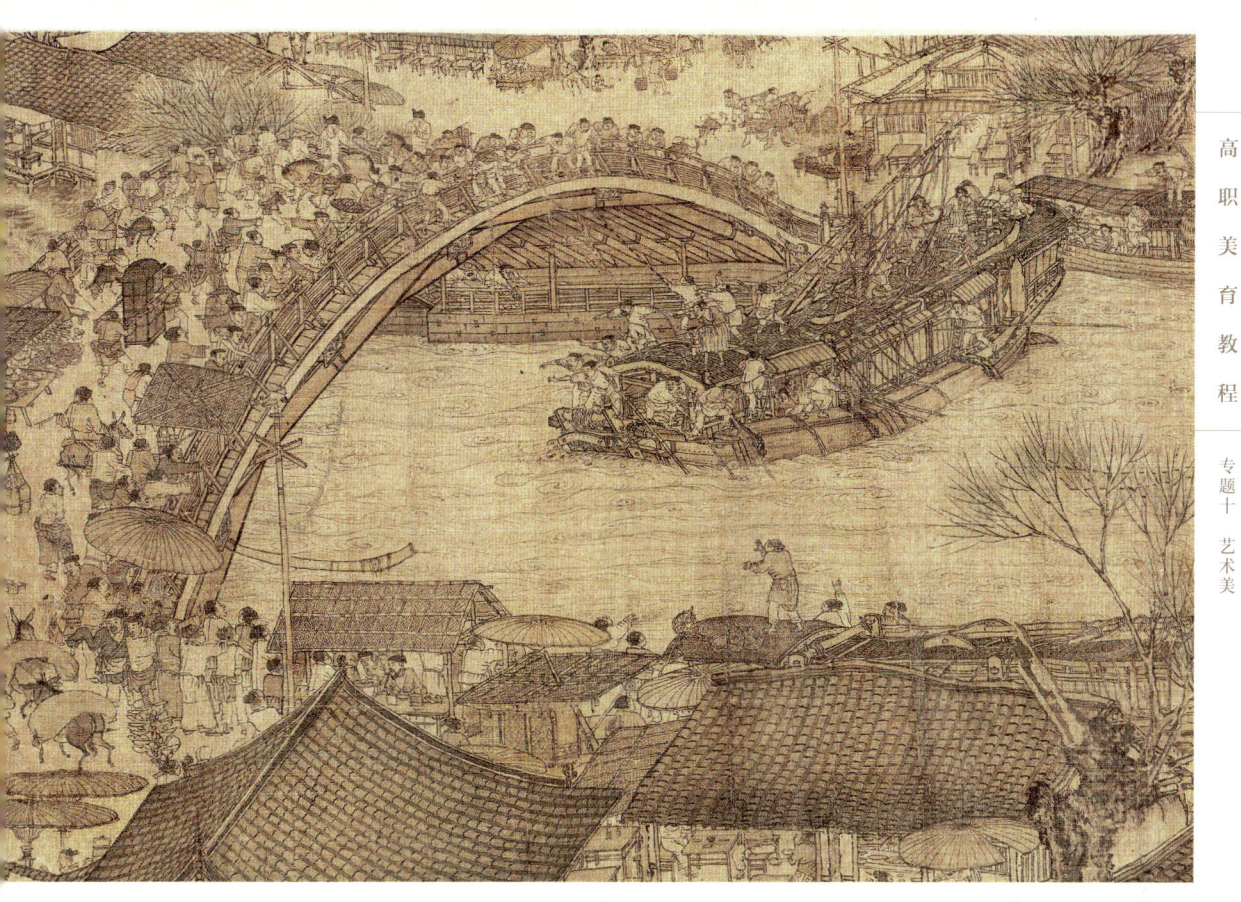

实际上，中西谚语所说的"一千个读者就有一千个林黛玉"或"一千个读者就有一千个哈姆雷特"，也表达了同样的含义。正是艺术美浓郁的主体性特征才赋予了艺术形象鲜活的生命，才让艺术美从日常的、普通的现实生活中飞跃出来，转化为气韵生动的审美形象。

3. 超越时空的审美性

艺术的审美性是人类审美意识的集中体现，是真、善、美的结合，是内容美和形式美的统一。并且，艺术的审美性一旦被艺术家用极富独创性的艺术表现符号体系定格以后，就成为超越时空的永恒存在，能够被跨时空、跨地域的人们所理解和欣赏。这一点，我们可以以世界名画《蒙娜丽莎》为例来说明。

《蒙娜丽莎》（Mona Lisa）是意大利文艺复兴时期杰出画家列奥纳多·达·芬奇创作的油画，现收藏于法国卢浮宫博物馆。实际上达·芬奇是文艺复兴时期典型的巨人式天才人物，他不仅是杰出的画家，还对建筑学、解剖学、化学、流体力学、植物学等有精深的研究。得益于这种综合的多方面的知识修养，达·芬奇在这幅传世杰作中将生活的真、人性的善和艺术的美完美地融合在了一起，让画作具有了超越时空的永恒的审美价值。作品绘制了一位美丽的女子的肖像，该女子是佛罗伦萨银行家弗朗切斯柯·乔孔达的妻子。达·芬奇为此幅作品耗费了大量的心血，从1503年到1506年，耗时4年才得以完成。就人物构图来看，画家将人物肖像处理成两手借助椅子左侧扶手在上腹部前面位置自然

油画《蒙娜丽莎》(达·芬奇,意大利,1503—1517)

交搭,身躯和头部呈45°向左侧转,视线正对观众,克服了肖像画姿态的机械刻板弊端,让人物显得自信从容;就近远景的处理来看,近景蒙娜丽莎端庄安详,那浅浅的酒窝和恬静的眼神让欣赏者直接感知到蒙娜丽莎外在形体的美,远景是朦胧的山水一直延伸到天际,宛如中国古代山水画幽远宁静的意境一般,隐隐烘托出蒙拉丽莎宁静平和的心理世界。总体而言,"画家以真挚的感情、完善的技巧、独具匠心的构图描绘了美丽、健康、心灵完美的妇女形象"。[1]当你走近这幅画作时,你分明可以感觉到她就活灵活现地站在你的面前,你可以看到她的眼睛、皮肤、嘴角、身姿,一切都是那样的平静、祥和、典雅而端庄,并对你露出神秘的微笑。她是那么吸引你,让你不断地去打量她,甚至去感受她的呼吸。每年到卢浮宫鉴赏《蒙娜丽莎》作品的人数,大约有600万。这是几百年前的画作,现代的人们依然可以去感受这样的艺术美,这幅作品成功的真正奥秘就在于,它实现了生活的真、人性的善和艺术的美的完美统一,实现了内容美和形式美的统一,从而体现出了超越时空的永恒的审美价值。

北京大学知名学者叶朗教授在《柳宗元的三个美学命题》中有一段深刻的阐述:"审美活动是人类的一种精神活动。从心理学的角度看,它是一种感兴活动。从哲学的角度看,它是一种体验活动,是人与世界的沟通。自然景物是客观存在,是不以人的意志为转移的。但是自然景物要成为审美对象,要成为'美',却必须要有人的审美活动,必须要有人的意识去'发现'它,去'唤醒'它,去'照亮'它,使它从实在物变为意象(一个完整的有意蕴的感性世界)。"[2]

由上述特征可以看出,艺术美不是将生活美机械、刻板、原封不动地复制,而是对生活美进行典型概括的艺术反映。它比生活美更集中、更强烈、更有普遍性,它是基于人类生活美而创造的人工符号形式之美。当然,艺术美并不都是生

---

1 邵大箴,奚静之.欧洲绘画史[M].上海:上海人民美术出版社,2009:92.
2 叶朗.柳宗元的三个美学命题[J].民主与科学,1992(04):40.

活美的反映，生活丑经过艺术家正确的审美评价和典型概括，也可以化腐朽为神奇，转化为艺术美；但是，生活美在被反映到艺术中时，如果因为没有正确的审美评价而被歪曲，也不可能产生艺术美。总之，艺术美是艺术家正确的审美意识对生活美丑的正确反映，是理想美的现实存在。对于欣赏者来说，艺术美具有陶冶性情、娱乐身心、深化感知、完善人格等重要作用。

二、艺术美的表现形态

艺术美的种类繁多，形态丰富，并且随着人类社会的发展进步还在不断诞生出新的艺术美种类和形态。对这些表现形态各异的艺术美进行科学系统的分类梳理，是加深对艺术美认识的重要一步。

实际上，中外许多艺术理论家依据不同的分类标准已经对艺术美的表现形态进行了初步的分类。如，中国汉代文论《毛诗序》从"诗、乐、舞"三种形态对古典艺术进行了分类；古希腊哲学家亚里士多德在《诗学》中对诗歌、戏剧和音乐等艺术形态进行了分类：史诗和悲剧、喜剧和酒神颂以及大部分双管箫乐和竖琴乐——这一切实际上是模仿，只是有三点差别，即模仿所用的媒介不同，所选取的对象不同，所采用的方式不同。仔细辨析可以看出前后两者的分类标准是完全不同的，前者由"诗言志"的艺术本体论出发，侧重于从艺术家内在情志的不同表现方式来分类；后者自"模仿论"的艺术本体论着眼，侧重于从艺术表现的不同外部媒介来分类。这些艺术分类的标准和具体类别对后世的艺术形态分类均有很大的启发，但是也的确无法涵盖艺术美在数千年的历史发展中日渐繁荣丰富的各种表现形态。因为，"从本质上讲，艺术作品就是以物态化的方式传达出艺术家的审美经验和审美意识"，所以，"应当把艺术形态的物质存在方式与审美意识物态化的内容特征作为根本的依据"。[1]

依据上述分类标准，我们可以将艺术美的形态分为5大形态10余种类别，具体如表10-1所示：

---

1 彭吉象，郭青春.美学教程[M].北京：中央广播电视大学出版社，2004：76-77.

表10-1　艺术美的形态类别

艺术美的形态	具体类别
造型艺术	绘画、雕塑、摄影、书法等
表演艺术	音乐、舞蹈、相声、小品等
语言艺术	诗歌、散文、小说等
综合艺术	戏剧、戏曲、电影、电视等
实用艺术	建筑、园林、工艺品等

这些形态各异的艺术美有的以流动的线条、和谐的色彩、个性化的形体诉诸视觉给欣赏者带来美的享受（如造型艺术中的绘画），有的以明快的节奏、优美的旋律、磁性的音质诉诸听觉令欣赏者深深陶醉（如表演艺术中的音乐），有的以曲折的剧情、精湛的表演和美轮美奂的舞美诉之于视听觉让欣赏者忘情痴迷（如综合艺术中的戏曲）等。尽管它们所凭借的媒介和载体千差万别，触动欣赏者的感官通道也迥然不同，但它们大都是以极富独创性的审美形象带给欣赏者感官的愉悦、想象的飞扬、情感的陶冶与境界的提升。换言之，只要是经过历史淘洗的、经典的、真正的艺术美，它们均具有形象性、主体性、审美性的特征，并且这些美的特质能给欣赏者带来从外部感官到内在情感的全身心的愉悦、陶醉、感动和提升。

美的历程

一 神奇的诞生

关于艺术美的起源，历史上有许多种说法，有"巫术"起源说、"游戏"起源说、"无意识"创造说等。上述说法从不同角度诠释了艺术美的起源，各有一定程度上的合理性，但也存在着过于神秘、不易考证等局限。马克思主义艺术观的"劳动"起源说因不断被考古发现所证实，更为科学、可信。

在我国属于旧石器时代中期的"河套人文化""水洞沟文化""峙峪文化""虎头梁文化""山顶洞人文化"等文化遗址处，考古学家先后发现有：加工精致的石器、雕刻器和穿孔贝壳、穿孔石珠、穿孔兽齿等饰品。[1]这是原始人在运用石器的劳动过程中，初步具有了审美意识，开始有意识地加工各种材质的物品装饰和美化自己。其间已蕴藏着雕刻美、工艺美等艺术美表现形态的萌芽。

历史演进到新石器时代，陶器的发明和广泛使用，不仅大大改善了人们的生产、生活水平，而且也使艺术美的表现有了更为便利的载体和媒介。就出土的陶器器型来看，有碗、钵、盆、瓶、罐、瓮等，结构比例协调，造型适宜实用。原始人在制作陶器时，采用了拍印、刻划、绘画、捏塑等艺术手段，将当时生产生活中常见的动植物形象、水波纹形状乃至人们的歌舞情景，描画（或塑形）在陶器上，线条简约流畅，构图浑朴自然，堪称装饰美与实用美的完美统一。

1973年青海大通县上孙家寨出土的一件舞蹈彩陶盆最具有代表性。该彩陶盆的舞蹈场面绘制在陶盆内壁，五人一组，一共三组，正好布满陶盆内壁一圈。每组之内，五人依次牵手，头上发辫甩向左

马家窑文化舞蹈彩陶盆

---

1 李晓，古川.中华艺术史年表[M].桂林：广西师范大学出版社，2020：001-002.

侧，尾形饰物摆向右侧，两侧手臂有动态的重影，双脚随舞蹈节奏自然开合，画面构图如儿童画般朴拙率真。当你凝神欣赏的时候，那自然欢快的歌舞场面便穿越了数千年的历史烟云，瞬间就会感染你的审美情绪，激发起你内在的生命律动。

这些以彩陶为代表的石器时代的实用性装饰艺术，以简约流动的线条、质朴率真的场面、姿态万千的器型，生动展示了人类审美意识于劳动实践过程中春笋破土般地萌动和诞生，也确证了中华文明的源远流长，彰显了中华艺术的瑰丽神奇。

二 雄浑的展开

人类由原始社会进入到阶级社会之后，随着社会生产力的发展、生产工具的改进、文字的发明和使用、社会分工的逐步深入和细化，人类的审美意识也得到了进一步拓展和深化。我国商代的甲骨文中已经有"美"的字形，汉代许慎在《说文解字》中解释为："美，甘也。从羊从大。羊在六畜主给膳也。美与善同意。"这主要是从字源学的角度解释，也符合人类心理的、情绪的、精神的美感是由生理的、实用的快感发展和分化的一般规律。"从人类审美意识的历史发展来看，最初对与实用功利和道德上的善不同的美的感受，是和味、声、色所引起

青铜器《四羊方尊》（商）

的感官上的快适分不开的。"[1]实际上,春秋时期"五味(酸苦甘辛咸)、五色(青赤黄白黑)、五声(角、徵、宫、商、羽)"等概念在我国已经非常流行。人们感官功能的细化和发达,为艺术美的拓展奠定了基本的生理和心理基础,而青铜器、玉器、漆器、绢帛等器物的制造和广泛使用,使艺术美表现的载体更为丰富多彩,也使这一时期的艺术美在不同领域内得以雄浑有力地展开。

建筑艺术方面,从商纣王时建筑的"广三里,高千尺"的鹿台,到秦始皇时建筑的"五步一楼,十步一阁;廊腰缦回,檐牙高啄"的阿房宫,都极其华丽宏伟,令人叹为观止;绘画艺术方面,从商代后母戊鼎上浑朴遒劲的蟠龙纹饰,到战国帛画上飞扬灵动的龙凤人物图、漆器上形象生动的装饰性绘画,再到秦砖汉瓦上那造型质朴、线条洗练的人物或动物画像等,均随物赋形,灵活取材,实现了实用美和艺术美水乳交融;雕塑艺术方面,商、周时期出现了大量的青铜器动物塑像,无论是商代的象尊、鸟纹牺尊、四羊尊,还是周代的兕觥、驹尊、鸭形尊等,均造型生动,构思巧妙。而秦始皇陵墓中出土的兵马俑阵列,更是形象逼真、栩栩如生,气势恢宏、蔚为壮观,被誉为"世界奇迹"之一;文学艺术同样光华灿烂,《诗经》《楚辞》辉耀千古,《诗经·蒹葭》中那"在水一方"的美丽伊人,激发起人们对美好事物的永恒想象,《楚辞·离骚》中那"上下而求索"的执着精神,几千年来一直召唤着人们心中浓郁热烈的家国情怀。

由于录音技术发展的相对滞后,今天的人们无法直接聆听古典音乐的空灵曼妙或华丽精工,但从考古发现的种类繁多的乐器、绘画作品中呈现的姿态万千的宴乐情景以及各种文献典籍中保存下来的乐谱、乐理、乐论来看,这一时期的音乐艺术因和礼仪文化、政治文化逐步趋向交流融合,而受到传统士人阶层和统治阶级的高度重视,并且获得了令人称羡的长足发展。就乐器来看,河南辉县琉璃阁殷墓出土的五音孔陶埙、河南安阳小屯妇好墓出土的三枚一套的陶埙、殷墟1001大墓出土的兽面纹骨埙,有五个音孔,已能演奏八度内的各个半音;湖北随县战国曾侯乙墓中出土了十弦琴、土排箫和大型编钟一套;马王堆汉墓中还出土了十二音律管。这些出土器乐充分说明,到汉代时中国古代乐理中的五声、十二律已非常完备。就乐论来看,孔子从君子人格养成的角度提出,"兴于诗,立于礼,成于乐";《吕氏春秋》从礼乐教化的角度强调,"先王之制礼乐也,非特以欢耳目、极口腹之欲也,将以教民平好恶、行理义也"。这些带有浓郁儒家色彩的乐论思想,实际上又将艺术美从原始艺术和实用性交融的朴拙阶段,推进到古典艺术和教化性相结合的新阶段。

---

[1] 李泽厚.中国美学史(先秦两汉编)[M].合肥:安徽文艺出版社,1999:74.

三 轻灵的飞跃

我国的魏晋南北朝时期,是人类精神发展史上极其崇尚自由和个性解放,从而也极富于艺术精神的一个时代。王羲之的行草书法、顾恺之的人物绘画、嵇康的广陵散曲、曹植的诗歌艺术、龙门石窟的雕塑艺术等,无不闪耀着文学文艺自觉的光焰,奠定了此后一千余年文学艺术发展的深厚根基与主要趋向。这一时期又常被称为我国的艺术自觉和美学自觉的时代。

所谓艺术和美学的自觉主要是指,由于外在黑暗政治的压迫和内在玄学思想的启示,艺术家在进行艺术创作时,自然而然地摆脱了外在实用功利的束缚和政治教化的羁绊,而让艺术创作成为艺术家自由奔放的人格精神的自由挥洒之作,让艺术作品成为艺术家个性气质和审美理想的形象呈现。在这种美学思想的滋养之下,艺术家个性彰显,创造力勃发,艺术美也实现了轻灵的飞跃,焕发出新的生机与活力。

这种轻灵跃动的艺术美在被誉为"天下第一行书"的王羲之《兰亭集序》中体现得较为鲜明。《兰亭集序》创作于东晋穆帝永和九年(353)三月三日,原本是王羲之为文人诗友春日修禊时吟咏赋诗的雅集所创作的序言。序言由会稽山阴之兰亭一带的自然山水美景写起,"此地有崇山峻岭,茂林修竹,又有清流激湍,映带左右";然后因景生情,"所以游目骋怀,足以极视听之娱,信可乐也";进而由自然之美、视听之娱、情感之乐,过渡到个人对生命的深切体悟,"况修短随化,终期于尽。古人云:'死生亦大矣'。"序言全文若行云流水,其景美,其情真,其间的人生体悟澄澈而豁达。文字骈散结合、清丽隽永,堪称早期性灵散文的极品。就书法艺术来看,《兰亭集序》全篇324字,分列28行,从头至尾,一气呵成,若天马行空,自由驰骋。其用笔,形断意连,动静结合,俯仰生姿,顾盼有神;其结字,变化万千,19个"之"字,或奇或正,或放或收,神态各异,妙趣横生。整体而言,作品布局疏朗有韵,点画灵动有趣,笔力劲健潇洒,即便那涂抹修改的文字与墨色也与全篇和谐交融、浑然一体,"天下第一行书"的称誉绝对实至名归。

由魏晋文人开启的彰显艺术家性灵气质的艺术美风尚,在此后的中国古典艺术发展史中被不断地继承并发扬光大。无论是潇洒飘逸的唐代诗歌艺术,还是意境幽邃的宋人山水绘画,都充盈着自由奔放的生命活力和魅力独具的艺术韵味,成为中华民族辉煌灿烂的艺术瑰宝,千百年来给人们带来源源不断的艺术滋养和美不胜收的艺术享受。

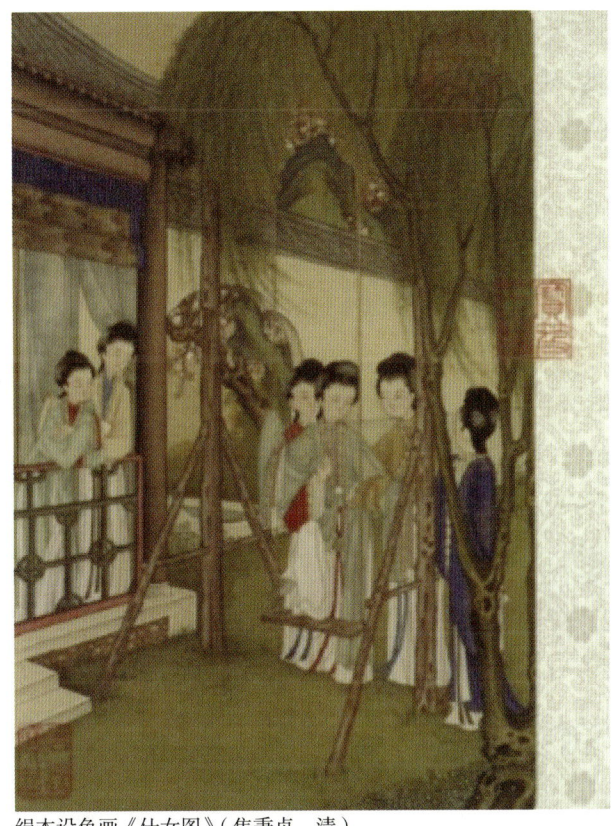

绢本设色画《仕女图》（焦秉贞，清）

四 优雅的回归

元代以来，随着传统文人政治地位的跌落和生存境遇的巨大变化，古典艺术美开启了由超迈高远的理想世界向日常生活的现实世界优雅回归的审美趋向。就文学艺术来看，空灵唯美的唐诗宋词逐渐被充满生活气息的元代戏剧和明清小说所取代；就绘画艺术来看，明清时期，刻画精工的写真人物画逐渐勃兴，如：清代焦秉贞《仕女图》。当然，这种崇实尚用的艺术追求在明清园林艺术中体现得最为鲜明。明清时期是我国园林艺术发展的鼎盛时期，这一时期"不仅建造了大量气势恢宏的皇家园林，也出现了许多精巧雅致的江南私家园林和具有世俗风情的岭南园林"。[1] 如有"万园之园"美誉的圆明园，浓缩江南园林风光，融合中西建筑风格，被称为世界园林史上的奇迹之一。令人扼腕叹息的是，在清朝末年，

---

[1] 匡斌权.明清时期中国古典园林的造园实践[J].东南园艺，2013（5）：36-37.

瑰丽神奇的圆明园被残暴的八国联军洗劫一空、付之一炬。如今，圆明园的断壁残垣仍在默默诉说着中华艺术的博大精深与丰赡华美，同时更激励着每一个人勿忘历史、踔厉奋发，赓续传统、再创辉煌。

五　华丽的绽放

进入近现代以来，随着中西方文化艺术的交流互鉴、教育文化事业的日渐普及和飞速发展的科学技术向艺术领域的不断渗透，尤其是电影、电视和现代工艺品的繁荣发展与市场化普及，中国现当代艺术实现了华丽的绽放，缤纷多彩的艺术美已和现代人实现了零距离接触。

比如，可能你穿的文化衫上就印有徐悲鸿的《奔马图》，你手中的折扇上绘着齐白石的对虾，你耳畔传来的是美轮美奂的大唐乐舞，你案头摆放的汴绣工艺品上红白相间的牡丹花开得正艳，你刚刚和朋友在电影院看了一部令人血脉偾张的《战狼2》，而你的家人正在风云激荡的电视剧《觉醒年代》里痴迷徜徉。

得益于数千年丰赡瑰丽的民族传统艺术积淀，以及开放包容、海纳百川的文艺传承创新发展，华丽绽放的现当代艺术丰富了人们的精神生活，提升了人们的生活品位。但需要注意的是，在资本、技术、市场和利润的驱动之下，高雅艺术的批量化生产、大规模复制，无疑也隐藏着巨大的隐患。作为生活装饰的艺术品，可以用金钱购买，它的物的属性便会被无限放大，美的属性会在一定程度上被消解。它的情感润泽与共鸣、境界拓展与提升的人文功能也可能"悄悄逃逸"。一些所谓的艺术家用自我复制代替激情创作，一些所谓的欣赏者用高昂的代价换取虚荣的装饰。这种现象会将艺术置于庸俗的泥沼，而不是用艺术照亮并引领赤诚的生活。"文艺不能当市场的奴隶，不要沾满了铜臭气。优秀的文艺作品，最好是既能在思想上、艺术上取得成功，又能在市场上受到欢迎。""天是世界的天，地是中国的地，只有眼睛向着人类最先进的方面注目，同时真诚直面当下中国人的生存现实，我们才能为人类提供中国经验，我们的文艺才能为世界贡献特殊的声响和色彩。"[1]唯有如此，我们的当代艺术才能绽放出更为绚丽夺目的华彩。

1　习近平.在文艺座谈会上的讲话[M]//中共中央宣传部.习近平论党的宣传思想工作.北京：人民出版社，2019：256-257.

美的欣赏

美，令人神往，拥有美是一种幸运，而欣赏美更是一种幸福。一年四季，周而复始，我们要培养一双善于发现美的慧眼，去欣赏每个季节的独特之美。美并非只存在于高高的殿堂之上，它还闪烁在平凡的生活中。中华民族优秀的音乐作品、舞蹈作品、美术作品、经典诗歌都来源于生活之中美的身影，让我们一起去发现美、欣赏美、享受美，让生活变得更富有诗情画意。

东方雅韵
——中国民族管弦乐曲《春江花月夜》的和谐美

《春江花月夜》作为中国十大古典名曲之一，是民族音乐中占有重要地位的文人音乐。它融入了哲学、美学的内蕴，对民族音乐有着深远的影响。它所追求的崇尚自然、寄情山水、天人合一、返璞归真的和谐美，被人们广泛地欣赏、接纳和传承。

民族管弦乐曲《春江花月夜》原来是一首琵琶曲，名《夕阳箫鼓》（又名《浔阳夜月》《浔阳曲》），约在1926年，上海大同乐会的柳尧章和郑觐文首次将其改编成民族管弦乐曲。新中国成立后，该曲又经多次整理改编，更臻完善，深为国内外听众喜爱。乐曲旋律古朴和谐、雍容典雅、节奏平稳、音韵舒展，用现实主义与浪漫主义相结合的艺术手法，传递了深远恢宏的审美意境，具有强烈的艺术感染力。整曲音乐构思细腻巧妙，随着音乐的主题摇曳变化和起伏发展，时而恬淡幽静，时而热烈奔放，将月夜春江的迷人景色一一呈现出来，把我们带入春天夜晚静谧甜美的天地。

乐曲运用了二胡、琵琶、古筝、洞箫、钟、鼓等乐器演奏，全曲中没有一件乐器是从头演奏到尾，但又一气呵成，毫无断续之感。乐曲共分十段，第一段"江楼钟鼓"，由琵琶模拟鼓声，箫和古筝则奏出轻微的波音，描绘出夕阳映江面，熏风拂涟漪的景色；第二段"月上东山"，主题开始移高四度自由模进，

乐曲欣赏 《春江花月夜》

表现了徐徐飘来的上升感，音乐恬静开阔，旋律流畅清澈，将夜色朦胧，江清月白的意境呈现出来；第三段"风回曲水"，是乐曲的第二段变奏，曲调层层下旋又回升，增加了音乐的张力，展现了音乐的起伏旋律线；第四段"花影层叠"，琵琶以四个先紧后宽的音型演奏出一段华彩的旋律，与前面悠扬的乐曲形成对比，好似江风习习，水中倒影，江景美不胜收；第五段"水深云际"，由琵琶、二胡和中胡在低音区演奏出深沉的音调，八度音程的大跳，琵琶悠然飘出轻柔透明的泛音，那种"江天一色无纤尘，皎皎空中孤月轮"的壮阔景色油然而生；第六段"渔歌唱晚"，琵琶作为领奏乐器犹如歌声般的柔美，箫在琵琶和木鱼的伴奏下，吹出一段悠扬的旋律，好似天上之音；第七段"回澜拍岸"，由琵琶弹奏出一连串由慢而快、顿挫有力的模进音型，接着乐队演奏出气势宏伟的旋律，犹如渔舟破水竞归，掀起波澜拍岸的情景；第八段"桡鸣远濑"和第九段"欸乃归舟"，描绘出了摇橹划桨的声音和动态；第九段为全曲的高潮，音乐在古筝由低到高切分音型的衬托下，旋律由慢渐快，由弱渐强，层层递进，表现归舟破水，浪花飞溅，橹声"欸乃"，达到了情绪与意境交融的顶峰。随后，音乐在快速中戛然而止，归舟远去，万籁皆寂，春江显得更加宁静。全曲在悠扬徐缓的尾声旋律中结束，好像轻舟在远处的江面渐渐消失，这样的春江夜空幽静而安详，使人回味无穷。

民族管弦乐曲《春江花月夜》通过对澄江、明月、扁舟、春花的描绘，用曼妙唯美的音乐形象生动地表现并讴歌了祖国大好河山的秀丽景色，让我们陶醉在音乐的氛围中。作者通过音乐之美实现了风情与人情、自然与生命的亲密交流，达到了合二为一的审美化境，从而在深层次上揭示出自然永恒、生命不息的意义。

极限之美
——中国民族舞剧《丝路花雨》的形式美

《丝路花雨》是甘肃敦煌艺术剧院取材于敦煌莫高窟壁画艺术，博采各地民间歌舞之长，创作的大型民族舞剧。《丝路花雨》舞剧首创于1979年，被新闻媒体赞誉为"活的敦煌壁画，美的艺术享受""此舞只应天上有，人间难得看几回"，《丝路花雨》"为中国舞蹈剧开辟了新路"。它以中国的大唐盛世为背景，以老画工神笔张和歌伎英娘父女俩的悲欢离合为线索，展现了一幅宏大的历史画卷，歌颂了中原人民与西域人民的友谊长存，呈现了大唐的盛世繁华和对外经济文化交流

民族舞剧《丝路花雨》演出图

的盛况，该舞剧作为20世纪中国舞蹈经典之作，被载入中华民族艺术史册。

《丝路花雨》讲述了这样一个故事：大漠风烟的丝绸古道上，一场风暴过后，敦煌画工神笔张救起了快要昏死过去的波斯商人伊努斯，而神笔张的女儿英娘却被路霸窦虎抢走。数年之后，已出落得美丽动人的英娘竟沦为舞伎，在街头卖艺，波斯商人伊努斯为救命恩人神笔张赎回了英娘。莫高窟里，画工神笔张以女儿的舞姿为原型绘出一幅幅壁画。市令在壁画上看到了有着婀娜舞姿的英娘，想把英娘招进官府，占为己有。情急之下，神笔张把女儿托付给伊努斯。在伊努斯把英娘带回波斯的路上，市令带着同伙企图杀害他们。神笔张点燃烽火呼救，不幸自己却血染大漠。然而，善恶终有果，在敦煌多国交易会上，英娘在伊努斯的帮助下借卖艺潜入会场，揭露市令等人的罪恶，大唐节度使听后勃然大怒，下令斩除恶人。

舞剧中的舞蹈博采众家之长，把丝绸之路和敦煌的历史发掘出来融合到舞剧中，采用中国古典舞的节奏韵律，将静止的敦煌壁画编织成优雅灵动的舞姿，其形式包含了"芭蕾舞""反弹琵琶舞""千手观音""盘上舞""霓裳羽衣舞""波斯舞""胡旋舞"等。英娘最后的盘上独舞更令人惊艳，如敦煌壁画中的"仙子"，披着纱带翩翩起舞。这些都体现了中国舞蹈的形式美和融合性，其中舞蹈与音乐之间配合得非常默契，整个舞剧人物没有对话，却能够"不着一字，尽得风流"。敦煌壁画中的经典造型是伎乐反弹琵琶。我们很难知道，当初是否真的有个才貌出众且能歌善舞的英娘作为模特，还是全凭画工们神奇想象力的杰出创造，不管怎样，反弹琵琶都是大唐文化一个永恒的符号。整段舞剧流畅自如，又曲折生动，使观众在观剧之后受到极大的艺术震撼。英娘动人心弦的曼妙舞姿、敦煌壁画的雄浑大气，神笔张与英娘的父女深情，都能让观众体验到优美的艺术享受和强烈的情绪感染。

宁静悠远
——中国山水画《鹊华秋色图》的意境美

《鹊华秋色图》是元代画家、书法家、诗人赵孟頫于元贞元年（1295）所作的纸本水墨设色山水画。周密原籍山东，却生长在赵孟頫的家乡吴兴，从未到过山东，赵孟頫为周密述说济南风光之美，并作此图相赠，目前此画藏于台北故宫博物院。

《鹊华秋色图》纵28.4cm，横90.2cm，图中所描绘的是济南东北华不注山和鹊山一带的秋天景象，画面清新淡雅，呈现出一种悠闲恬静的田园风光。整幅作品以平远构图，画面开阔，景物由远到近，布局合理，并以多种色彩调和渲染，虚实结合，富有节奏感。画中是一片辽阔的泽地，极目远眺，一望无际。其间矗立着的两座山，左方圆平顶的是鹊山，形似面包，又像水牛的脊背，右方尖峰三角形突起的是华不注山。鹊华二山与近景之间，林木聚散，水陆交接，屋舍人物

山水画《鹊华秋色图》（赵孟頫，元）

安排得井井有条，画面达到了左右平衡。远处的一排杉树密集排列，郁郁葱葱，使华不注山凸显坡度。中景和近景以散布的几棵树木来平衡构图，近处一屋，门前柳树下，舟楫旁泊，仿佛来自远方故乡的梦境。赵孟頫将抒情写意和创造意境结合在一起，使画面具有浓郁的人文气息，灵活的笔墨和鲜明的色彩，展现了一派苍凉而又不失秀逸的秋日平原景色，在展示村夫渔叟淳朴恬静的生活的同时，也抒发了作者对田园牧歌式生活的向往和超越时空的乡愁。

此图千百年来被无数历史名人珍藏，画中留有数十枚印章，整幅画面恬淡清旷，作者以深湛的笔墨功力将水墨山水和青绿山水融为一体，丰富了文人山水画的表现手段和内涵，也初步确立了元代山水画坛清新自然的整体风格和蕴藉典雅的审美格调，为后世的中国山水画奠定了基础。

嘤嘤成韵
——中国古典诗歌《水调歌头·明月几时有》的音韵美

宋词是中国文学史上又一个创作的高峰，在中国诗歌创作中留下了浓墨重彩的一笔。宋词与唐诗相比，也许少了些奔放的胸怀和恢宏的气度，但是却增添了

一份细腻婉约的情怀。宋词比唐诗更富有音乐节奏韵律之美，宋词的韵律中跳跃着音乐的灵魂。

宋代词人名家辈出、群星灿烂，其中大家耳熟能详的苏轼堪称北宋中期文坛领袖。他在诗、词、散文、书、画等方面都颇有成就，是"唐宋八大家"之一；他以诗代词，最早从事豪放词的创作，开创豪放之风。他的词常常蕴含着对人生的理性思考，拓展了词境的生活广度和哲理深度，丰富了词境的艺术韵味。他所创作的《水调歌头·明月几时有》是脍炙人口的佳作。这首词是苏轼于公元1076年中秋节在密州时所作，当时苏轼被朝廷流放在外，心中充满了忧郁和哀伤，思念自己分别七年未能团聚的胞弟苏辙。苏轼面对一轮明月，心潮澎湃，乘酒兴正酣，挥笔写下了这首千古佳作。

《水调歌头·明月几时有》不仅具有感人至深的情绪美、旷达超脱的意境美，而且在诗歌的韵律和节奏上也体现着独特的音韵美。正是因为汉语音韵的和谐优美，所以诗词读起来具有一种特殊的听觉感染力，并借助于声音的抑扬顿挫和音调升降从而把感情抒发得淋漓尽致。音韵是诗词格律的基本要素，此处的韵，主要体现在汉语拼音中的韵母上，比如词中重复相同的尾韵[an]，像"天、年、寒、间、眠、圆、全、娟"，音韵的效果很明显，诵读起来自然而然地带出了音乐感，让人感觉到悦耳顺畅的音韵之美。歌曲《但愿人长久》正是运用苏轼的这首词来进行改编的，被多名歌手传唱。苏轼豪迈又不失婉转细腻的词风，配上歌手空灵的嗓音，完美诠释了"但愿人长久，千里共婵娟"的悠远意境和美好祝愿。

美的视窗

话题探讨

请阅读下面关于2022年北京冬奥会开闭幕式的报道文字，然后参与话题讨论。

千万雪花，竞相开放。万千你我，汇聚成一个家……

雪花，雪花，开在阳光下。在故乡，在远方，都一样闪亮……

寥寥数语，无限深意。2月4日立春之夜，这首北京2022年冬奥会主题歌《雪花》温暖唱响。伴着歌声，孩童舞动手中的和平鸽灯，和平、友谊、团结、圣洁的美好象征随雪花漫天飞舞。16天后的闭幕式上，来自河北阜平县的马兰花儿童合唱团再次登台，这曲空灵烂漫的《雪花》又回荡于"双奥之城"上空。"当中国结与奥运五环交相辉映，当中华传统文化与奥林匹克精神和合共生，就有了世间美美与共的相遇。"

——龙慧蕊《踏歌起舞 情同我心
——北京冬奥会开闭幕式上的文艺表演掠影》

2022年北京冬奥会开闭幕式以简约、安全、精彩、唯美的方式惊艳了世界，赢得了广泛的赞誉，请以其中的"雪花"创意为例，谈谈主创人员是如何在充分挖掘中国文化元素的基础上实现了自然美、科技美与艺术美的完美融合？

拓展阅读

印度诗哲泰戈尔在国际大学中国学院的小册里曾说过这几句话：

世界上还有什么事情比中国文化的美丽精神更值得宝贵的？中国文化使人民喜爱现实世界，爱护备至，却又不致陷于现实得不近情理！他们已本能地找到了事物的旋律的秘密。不是科学权力的秘密，而是表现方法的秘密。这是极其伟大的一种天赋……

泰戈尔这几句话里包含着极其精深的观察与意见，值得我们细加考察。

——宗白华《中国文化的美丽精神往哪里去？》

请认真阅读宗白华《中国文化的美丽精神往哪里去？》一文，思考中国文化的美丽精神是什么？中国表现方法的秘密是什么？请结合具体的艺术作品举例描述。

地方艺术类"非遗"实践体验：马勺脸谱绘制实践

1. 体验目标

培育高职学生对民族优秀传统艺术的欣赏热爱之情和创造性继承的能力。

2. 体验途径

（1）观看视频

跟李继友大师学马勺画（视频材料）。

（2）材料准备

桐木、松木马勺或纸质马勺；砂纸；大白粉、白乳胶、纤维素等；铅笔、彩绘颜料；上光油、清漆及喷绘器具等。

（3）实践步骤

马勺脸谱绘制工艺流程		
第一步	选勺	桐木或松木马勺，有5cm、10cm、30cm、60cm等不同规格；初学者可以使用纸质马勺练习
第二步	打磨	木勺需要用砂纸打磨平整光滑
第三步	上白底	用大白粉加白乳胶、纤维素调匀，涂抹2~3层
第四步	定稿	铅笔起稿，定好双眼位置
第五步	绘制	首次勾线，并彩绘填涂
第六步	勾线	勾线笔醒线
第七步	上光	用上光油或是清漆喷涂

3. 实践成果

每位同学上交1幅马勺脸谱绘制作品。

陕西非物质文化遗产社火马勺脸谱创始人——李继友

马勺脸谱

参考文献

1. 曾繁仁.美育十五讲[M].北京：北京大学出版社，2017.
2. 蔡元培，先生归来兮//蔡元培.以美育改变中国[M].北京：中国文史出版社，2020.
3. 席勒.审美教育书简[M].张玉能，译.南京：译林出版社，2009.
4. 朱光潜.谈美[M].上海：东方出版中心，2016.
5. 汤旭梅.大学美育理论及其教育实践研究[M].北京：中国书籍出版社，2019.
6. 李克，沈燕.蔡元培传[M].北京：北京时代华文书局，2015.
7. 冯建军.构建德智体美劳全面培养的教育体系：理据与策略[J].西北师大学报（社会科学版），2020，57（03）.
8. 岳文韬.高职院校美育现状、问题与对策研究[D].长沙：湖南师范大学，2016.
9. 郭艳丽.素质教育背景下高职院校美育的现状及对策研究[D].贵州：贵州师范大学，2014.
10. 席格.当代美学转型与美育的理论困境——兼论美学与美育的关系[J].郑州大学学报（哲学社会科学版），2011，44（02）.
11. 黄静.当代高校美育探讨[D].扬州：扬州大学，2008.
12. 北京大学哲学系美学教研室.西方美学家论美和美感[M].北京：商务印书馆，1980.
13. 北京大学哲学系外国哲学史教研室.古希腊罗马哲学[M].北京：商务印书馆，1982.
14. 朱光潜.西方美学史（上卷）[M].北京：人民文学出版社，1983.
15. 曾祥芹.论孔子、曾子"仁学"的人性美、心灵美、体系美[J].山东图书馆学刊，2015（02）.
16. 李泽厚.华夏美学·美学四讲 增订本[M].北京：生活·读书·新知三联书店，2008.
17. 罗新慧.曾子研究 附《大戴礼记》"曾子"十篇注释[M].北京：商务印书馆，2013.
18. 林同华.宗白华全集 第2卷[M].合肥：安徽教育出版社，2008.
19. 赵平，崔东方.伦理美及其培育[J].伦理学研究，2018（06）.
20. 休谟著，人性论[M].关文运，译.北京：商务印书馆，1980.
21. 丁鼎.儒家礼乐文化的价值取向与中华民族精神[J].山东师范大学学报，2014，59（06）.
22. 王冠.论儒家礼乐文化的形成与构建及对当下的意义[J].江苏社会科学，2016，288（05）.
23. 胡平生，陈美兰（译注）.礼记·孝经[M].北京：中华书局，2016.
24. 项阳.中华乐文化传统之礼乐一脉的当下传承与消解[J].人民音乐，2018（04）.
25. 吴怡垚，徐元勇.先秦儒家礼乐文化的内涵及现代价值[J].南通大学学报（社会科学版），2019，35（02）.
26. 董伟.雅乐：塑造中华文化的礼乐之乐[N].光明日报，2022-03-25.
27. 童忠良.古编钟的和鸣与天地人的交响——析谭盾《交响曲1997：天、地、人》的编钟乐[J].武汉音乐学院学报，1997（02）.
28. 胡艺华.基于理论自觉的深问题与浅思考[M].北京：中国纺织出版社，2020.
29. 叶朗.中国美学史大纲[M].上海：上海人民出版社，2014.
30. 杨辛，甘霖.美学原理（第四版）[M]北京：北京大学出版社，2011.
31. 宗白华.美学散步[M].上海：上海人民出版社，1981.
32. 常宏，朱珂苇.图说美学[M].北京：中华工商联合出版社，2017.
33. 李泽厚.给孩子的美的历程[M].北京：中信出版社，2018.
34. 钟杨.行为美论纲[J].云南民族大学学报（哲学社会科学版），2005（5）.
35. 李修文.战"疫"书简[M].武汉：长江少年儿童出版社，2020.
36. 黄高才，刘会芹.大学生美育[M].北京：高等教育出版社，2016.
37. 申睿，倪晶晶.大学生美育[M].北京：高等教育出版社，2017.
38. [以色列]罗伊·泽扎纳.未来生活简史：科技

	如何塑造未来[M].成都：四川人民出版社，2020.		2017.
39	[以色列]尤瓦尔·赫拉利.简史三部曲 人类简史 从动物到上帝[M].北京：中信出版社，2018.	54	臧勇，任雪玲.乱针绣的诞生及其绣作解析[J].丝绸，2015，52（05）.
40	[美]阿尔文·托夫勒.第三次浪潮 未来三部曲[M].黄明坚，译.北京：中信出版社，2018.	55	虞洋.苏绣——东方艺术明珠[J].江苏丝绸，2021（02）.
41	[美]阿尔文·托夫勒.未来的冲击[M].黄明坚，译.北京：中信出版社，2018.	56	孙佩兰.中国刺绣史[M].北京：北京图书馆出版社，2007.
42	[美]阿尔文·托夫勒.权利的转移[M].黄锦桂，译.北京：中信出版社，2018.	57	蔡元培.蔡元培教育文选[M].北京：人民教育出版社，1980.
43	[美]托马斯·利文森.追捕祝融星[M].高爽，译.北京：民主与建设出版社，2019.	58	李石岑，吕澄，等.美育之原理[M].北京：商务印书馆，1925.
44	林凤生.名画在左 科学在右[M].上海：上海科技教育出版社，2018.	59	[德]席勒.美育书简 中德双语 典藏版［M］.北京：社会科学文献出版社，2016.
45	[英]马克·米奥多尼克等.迷人的材料 彩图升级版[M].赖盈满，译.天津：天津科学技术出版社，2019.	60	李西顺.学校美育：如何教？如何评？——基于对《关于全面加强和改进新时代学校美育工作的意见》的解读[J].中国德育，2021（05）.
46	[俄罗斯]雅科夫·伊西达洛维奇·别莱利曼.趣味星际旅行[M].北京：中国妇女出版社，2020.	61	杨辛，甘霖.美学原理［M］.北京：北京大学出版社，2020.
47	倪光炯，等.改变世界的物理学[M].4版.上海：复旦大学出版社，2015.	62	王金凤，章辉美.美的历程——中国女性美的演变与社会变迁［J］.长沙铁道学院学报（社会科学版），2006（04）.
48	[英]戴维·伍顿.科学的诞生：科学革命新史（上、下)[M].刘国伟，译.北京：中信出版社，2018.	63	胡小明.体育美学[M].北京：高等教育出版社，2009.
49	李乾朗.穿墙透壁 剖视中国经典古建筑[M].桂林：广西师范大学出版社，2009.	64	李帅.从生殖崇拜到图腾崇拜［N］.中国社会科学报，2018-11-29.
50	王宏建.艺术概论[M].北京：文化艺术出版社，2010.	65	朱熹.诗经[M].上海：上海古籍出版社，2013.
51	杨远婴.电影概论[M].北京：中国电影出版社，2010.	66	钟子翱.中国古代人的形体审美观初探[J].北京师范大学学报，1987（02）.
52	（汉）戴圣.礼记[M].北京：团结出版社，2017.	67	孙华军，朱存明.汉画体育图像身体美论[J].美术向导，2012（06）.
53	中华文化讲堂.论语[M].北京：团结出版社，	68	何江丽.近代女性"健康美"观念的表达与实践[J].兰台世界，2019（08）.
		69	毛泽东.体育之研究［M］.北京：人民体育出版社，1979.
		70	[美]迈克尔·B.波利雅科夫.古代世界的竞技

体育[M].北京：中国传媒大学出版社，2018.
71 中共中央马克思恩格斯列宁斯大林著作编译局.马克思恩格斯全集[M].北京：人民出版社，2020.
72 李珂.嬗变与审视[M].北京：社会科学文献出版社，2019.
73 中国劳动关系学院.劳动教育评论[M].北京：社会科学文献出版社，2020.
74 檀传宝.劳动创造美好生活[M].北京：中国劳动社会保障出版社，2020.
75 董晓峰.技能中国[M].上海：上海教育出版社，2019.
76 王作辉，肖强，田曼.新时代劳动教育理论与实践[M].北京：中国言实出版社，2020.
77 赵元银，吴道省，刘斌.大学生劳动教育[M].北京：电子工业出版社，2020.
78 顾明远.新时代教育发展的指导思想——学习习近平总书记在全国教育大会上的讲话[J].北京师范大学学报（社会科学版），2019（01）.
79 贺兰英.中国特色社会主义劳动精神的内涵[J].南方论刊，2018（05）.
80 叶蓓卿.中华经典藏书 列子[M].北京：中华书局，2019.
81 （南朝梁）刘勰，詹锳.文心雕龙义证（下）[M].上海：上海古籍出版社，1989.
82 周汝昌，唐圭璋，俞平伯，等.唐宋词鉴赏辞典 南宋·辽·金[M].上海：上海辞书出版社，2011.
83 邵大箴，奚静之.欧洲绘画史[M].上海：上海人民美术出版社，2009.
84 [古希腊]亚里士多德，贺拉斯.诗学·诗艺[M].罗念生，杨周瀚，译.北京：人民文学出版社，1962.
85 彭吉象，郭青春.美学教程[M].2版.北京：中央广播电视大学出版社，2008.

86 阴法鲁，许树安，刘玉才.中国古代文化史[M].北京：北京大学出版社，2008.
87 （汉）许慎，（清）段玉裁.说文解字注[M].杭州：浙江古籍出版社，1998.
88 李泽厚，刘纲纪.中国美学史：第1卷[M].北京：中国社会科学出版社，1984.
89 李泽厚.中国古代思想史论[M].天津：天津社会科学院出版社，2003.
90 陆玖.吕氏春秋[M].北京：中华书局，2011.
91 宗白华.天光云影[M].北京：北京大学出版社，2005.
92 叶朗.中国美学史大纲[M].上海：上海人民出版社，2014.
93 蒋勋.汉字书法之美[M].桂林：广西师范大学出版社，2014.
94 匡斌权.明清时期中国古典园林的造园实践[J].东南园艺，2013，1（05）.
95 梁欣.《春江花月夜》的意境及其表现手段[J].音乐天地，1994（09）.
96 张建.大学美育[M].北京：高等教育出版社，2017.
97 （唐）司空图撰；罗仲鼎、蔡乃中，译.二十四诗品[M].杭州：浙江古籍出版社，2018.
98 刘虹余.赵孟頫的《鹊华秋色图》赏析[J].文艺生活，2018（4）.
99 （宋）苏轼.东坡之诗：苏轼诗词文选译 汉英对照[M].任治稷，译.上海：复旦大学出版社，2008.

高职美育教程
GAOZHI MEIYU JIAOCHENG

策划编辑	方 雷 李聪聪
责任编辑	方 雷
封面设计	姜 磊
责任绘图	裴一丹
版式设计	姜 磊
责任校对	张慧玉 窦丽娜
责任印制	赵义民
出版发行	高等教育出版社
社 址	北京市西城区德外大街4号
邮政编码	100120
印 刷	北京盛通印刷股份有限公司
开 本	787mm×1092mm 1/16
印 张	14
字 数	260 千字
购书热线	010-58581118
咨询电话	400-810-0598

网 址	http://www.hep.edu.cn
	http://www.hep.com.cn
网上订购	http://www.hepmall.com.cn
	http://www.hepmall.com
	http://www.hepmall.cn
版 次	2023年9月第1版
印 次	2023年9月第2次印刷
定 价	46.80元

本书如有缺页、倒页、脱页等质量问题，请到所购图书销售部门联系调换

版权所有 侵权必究

物 料 号 59918-00

郑重声明

高等教育出版社依法对本书享有专有出版权。任何未经许可的复制、销售行为均违反《中华人民共和国著作权法》，其行为人将承担相应的民事责任和行政责任；构成犯罪的，将被依法追究刑事责任。为了维护市场秩序，保护读者的合法权益，避免读者误用盗版书造成不良后果，我社将配合行政执法部门和司法机关对违法犯罪的单位和个人进行严厉打击。社会各界人士如发现上述侵权行为，希望及时举报，我社将奖励举报有功人员。

反盗版举报电话 （010）58581999　58582371
反盗版举报邮箱　dd@hep.com.cn
通信地址　北京市西城区德外大街4号
　　　　　高等教育出版社法律事务部
邮政编码　100120

读者意见反馈

为收集对教材的意见建议，进一步完善教材编写并做好服务工作，读者可将对本教材的意见建议通过如下渠道反馈至我社。

咨询电话　400-810-0598
反馈邮箱　gjdzfwb@pub.hep.cn
通信地址　北京市朝阳区惠新东街4号富盛大厦1座
　　　　　高等教育出版社总编辑办公室
邮政编码　100029

防伪查询说明

用户购书后刮开封底防伪涂层，使用手机微信等软件扫描二维码，会跳转至防伪查询网页，获得所购图书详细信息。

防伪客服电话
（010）58582300

联系我们

高教社高职语文教育研讨QQ群：638427589

图书在版编目（CIP）数据

高职美育教程 / 周保平，沈洁霞主编． -- 北京：
高等教育出版社，2023.9
　　ISBN 978-7-04-059918-3

Ⅰ.①高… Ⅱ.①周… ②沈… Ⅲ.①美育－高等职业教育－教材 Ⅳ.① G40-014

中国国家版本馆CIP数据核字(2023)第024571号